Georg von Wallwitz
Odysseus und die Wiesel

PIPER

Zu diesem Buch

Auf dem Börsenparkett begegnen sich zwei Arten von Akteuren: Auf der einen Seite steht der listenreiche Zocker, Odysseus gleich, der kompromisslos seine Ziele verfolgt und es schafft, sogar die Götter zu besiegen. Ihm gegenüber kauert das Wiesel, geboren als Raubtier, zum echten Beutemachen aber viel zu klein. Ähnliche Typen existieren in der Finanzwelt – doch wie erkennt man, ob man zur einen oder anderen Spezies gehört? In »Odysseus und die Wiesel« bringt Georg von Wallwitz Licht ins Dunkel und zeigt, wie komplex und schwer zu durchschauen die Welt des Geldes geworden ist. Als Fondsmanager ist er Insider, als Mathematiker und Philosoph gönnt er sich einen gelassenen Blick von außen auf diese Welt. Er erklärt, warum die Finanzmärkte wurden, was sie sind, zeichnet Charakterbilder der Finanzakteure und beschreibt auf menschenfreundliche Art komplizierte Dinge. Nichts fehlt: Keynes und die Klassische Theorie, langweilige Aktien, spannende Anleihen und schurkische Hedgefonds. Eine ungewöhnlich lustige Einführung in ein bisher trist scheinendes Thema!

Georg von Wallwitz, geboren 1968, studierte Mathematik und Philosophie in England und Deutschland, war Stipendiat der Studienstiftung des deutschen Volkes und ging nach seiner Promotion als Visiting Fellow nach Princeton. Seit 1998 arbeitet er im Fondsmanagement, zunächst bei der DWS in Frankfurt und seit 2004 selbständig als Mitinhaber einer Vermögensverwaltung in München. Er schreibt in regelmäßigen Abständen ein »Börsenblatt für die gebildeten Stände«.

Georg von Wallwitz

ODYSSEUS
UND DIE WIESEL

Eine fröhliche Einführung in die Finanzmärkte

Piper München Zürich

Mehr über unsere Autoren und Bücher:
www.piper.de

MIX
Papier aus verantwortungsvollen Quellen
FSC® C083411

Ungekürzte Taschenbuchausgabe
Piper Verlag GmbH, München
Juli 2014

Umschlaggestaltung: semper smile, München
Umschlagabbildung: shutterstock/Oksanika, shutterstock/Tanawat Pontchour
Konzeption/Gestaltung: Groothuis, Lohfert, Consorten, glcons.de
Satz: Büro für Gedrucktes, Beate Mössner
Gesetzt aus der Res Publica
Papier: Munken Print von Arctic Paper Munkedals AB, Schweden
Druck und Bindung: CPI books GmbH, Leck
Printed in Germany ISBN 978-3-492-30442-9

Inhalt:

PROLOG

Die Finanzwelt ist eine eigene Welt, die jedem unbegreiflich erscheint, der nicht Teil von ihr war oder ist. Darin ist sie wie eine Armee, wie ein Kloster, wie ein College in Oxford, wie ein Gefängnis. Stärker noch als diese Institutionen hat sie aber immer wieder die Tendenz, ungefragt in das tägliche Leben der Menschen hineinzuwirken und Rat- und Mutlosigkeit bei jenen zu hinterlassen, die sich keinen Reim darauf machen können, wie sie selbst mit dieser Welt zusammenhängen.

Die enorme Komplexität des Geschehens an den Kapitalmärkten bedeutet, dass alle einfachen Erklärungen des Geschehens wahrscheinlich falsch sind. Die modernen Märkte sind schwer zu verstehen, weil sie stark ausdifferenziert sind und nur Außenseiter Interesse an Transparenz haben. Das bedeutet, dass nicht nur die Laien, sondern auch die Mehrheit der hauptberuflichen Teilnehmer am Börsenspektakel große Verständnisschwierigkeiten haben. Diese Schwierigkeit lässt sich aber beheben. Die Finanzwelt verbirgt sich nicht hinter Kasernen-, Kloster- oder Gefängnismauern, sondern in einer Sprachwelt, die nur zum Teil der Sache geschuldet ist. Ziel dieses Buches ist es, sich auf die Mauer zu setzen und den modernen Finanzmärkten zuzusehen, wie sie funktionieren, wie sie tanzen und wie sie stolpern.

Die Finanzmärkte sind der Philosophie seit Marx und der Literatur seit Zola als Thema ein wenig abhanden gekommen. Das mag daran liegen, dass die schönen Disziplinen, aller Sprachgewalt und menschlichen Einsicht zum Trotz, nicht erklären können, *wie* die Börse funktioniert. Das ist das Thema der Finanzwissenschaft. Aber sie können dabei helfen, zu verstehen, *was* sich dort abspielt. Sie haben eine Reihe von Werkzeugen zur Verfügung, die zwar nicht bei der Suche nach dem richtigen Wertpapier (sofern es das gibt) helfen, die aber die dem Börsengeschehen zu Grunde liegenden Phänomene begreifbar machen. Die Märkte lassen sich auch ohne Rückgriff auf eine technische Sprache beschreiben, von der man manchmal sowieso annehmen muss, dass sie dazu erfunden wurde, um Spuren zu verwischen.

Der Geist bildet sich seinen Körper. In *Wallensteins Lager* zeigt Friedrich Schiller exemplarisch, wie das Heerlager des großen Feldherren zunächst Ausdruck seines Gestaltungswillens ist, ihm dann aber entgleitet und zu einem Nest von Intrigen wird, in dem er schließlich untergeht. Hier stellen wir dieselbe Frage: Welches ist der Geist, der sich die Finanzmärkte so ausgeformt hat, wie wir sie heute vorfinden? Und welcher Geist kann sich heute darin behaupten?

Homer hat den Prototypen eines unruhigen Geistes geschildert, der sehr gut in die moderne Welt passt. Odysseus hat sich aus fast allen traditionellen Bindungen gelöst, treibt rastlos auf den Meeren umher, ist zum eigenen Vorteil kompromisslos listenreich und belügt sogar die Götter, wenn es opportun erscheint. Wichtiger als alles ist ihm das Überleben, das Weiterkommen, auch wenn die Gefährten auf der Strecke bleiben. Odysseus ist wundervoll ideenreich und hat eine unglaubliche Härte gegen sich und andere. Im positiven wie im negativen Sinne lässt sich Odysseus als Ideal des modernen Unternehmers beschreiben, dessen Eigenschaften auch an der Börse jeder gerne hätte. Die Realität an der Börse wird aber nicht von Prototypen geprägt, sondern von ganz gewöhnlichen Menschen, von Fondsmanagern, Analysten, Maklern und Händlern, die ständig überfordert sind, weil sie Zusammenhänge und Unternehmen analysieren und verstehen müssen, die viel zu komplex sind, um jemals für Außenstehende durchschaubar zu sein. An den Börsen dominiert nicht der Typus des modernen Helden, sondern ein Menschenschlag, dem es geht wie dem Wiesel, das zwar als Raubtier in die Welt gekommen, für ernsthaftes Beutemachen aber viel zu klein ist und daher immer wieder scheitert. Die Natur hat das Wiesel zu dürftig ausgestattet für das, was es leisten soll – die Finanzwelt begreifen. So steht an den Finanzmärkten dem Ideal der Geisteshaltung des Odysseus eine Wieselwelt gegenüber, die den Überlebenskampf nicht inszeniert wie ein Held, sondern bitter ernst erfährt.

Die meisten Theoriebücher zur Börse beginnen, als sei die Frage trivial oder bereits beantwortet und als könnte man die Geschichte ignorieren. Sie tun so, als könnte man ein Kloster verstehen, indem man die Regel des Heiligen Benedikt liest. Die Praxisbücher hingegen spüren diesem Geist zwar oft nach, sind aber fast immer anekdotisch und letztlich wenig geistreich, denn am Ende steht den Autoren der Körper in der Regel näher als der Geist. Diesen Fallen versuchen wir zu entgehen, indem wir weder ein Theorie- noch ein Praxis- noch ein Geschichtsbuch schreiben, sondern einen Essay. Seinen Zweck hat dieses Buch erfüllt, wenn die literarisch gestimmten Leser verstehen, warum die Finanzmärkte nicht nur nützlich sind; und wenn die Börsianer verstehen, warum Literatur nicht nur schön ist.

1. DAS BÜHNENBILD

*Die Geschichte Hollands ist sehr viel weniger blutig und grausam als die von irgendeinem der umliegenden Länder. Nicht umsonst hat Erasmus jene Eigenschaften als echt niederländisch gepriesen, die wir auch echt erasmisch nennen könnten: Sanftmut, Wohlwollen, Mäßigung und eine allgemein verbreitete mittlere Bildung. Keine romantischen Tugenden, wenn man so will. Sind sie darum weniger heilsam?**

Die modernen Finanzmärkte haben einen breiten, mit vielen Schleifen und Verästelungen durchsetzten Quellgrund, ein fein geädertes System von kleinen, sich ständig verschiebenden Rinnsalen, von denen sich schwer sagen lässt, ob sie überhaupt genug Wasser führen oder bald wieder versickern.

Der Beginn des neuzeitlichen Finanzwesens lässt sich nur willkürlich bestimmen, aber ein guter Kandidat ist das Jahr 1602, als in Amsterdam die Aktiengesellschaft erfunden wurde. Im 16. Jahrhundert initiieren einzelne Handelshäuser immer längere Reisen nach Asien, die mit hohen Kosten und Risiken verbunden sind. Um die Wende zum 17. Jahrhundert ergibt sich für die niederländischen Kaufleute aber die Gelegenheit, ihren Asienhandel nochmals dramatisch auszuweiten. Durch den Niedergang Portugals während der Herrschaft der spanischen Habsburger und die Vernichtung der Armada durch die Engländer im Jahr 1588 ist es ein Leichtes, die iberischen Handelsniederlassungen in Asien zu übernehmen. Dafür bedarf es einer militärischen und kaufmännischen Infrastruktur, die über die Möglichkeiten der einzelnen Kaufleute

* J. Huizinga, *Erasmus*. Basel 1936, S. 231.

hinausgeht. Die Lösung finden die Handelsherren von Amsterdam und Zeeland in einem Zusammenschluss ihrer Häuser zur *Vereinigten Ostindischen Kompanie*, die vom Staat gegen eine Zahlung von 25.000 Gulden für 21 Jahre mit einem Monopol auf den Handel östlich des Kaps der Guten Hoffnung und westlich der Magellanstraße ausgestattet wird. Zum Handelsmonopol kommen noch eine Reihe souveräner Rechte, wie das Recht zur Ernennung von Gouverneuren, das Recht, neben der Flotte auch noch eine Armee zu betreiben, sowie die Ermächtigung, völkerrechtlich bindende Verträge abzuschließen.

Zur Finanzierung eines so langfristig angelegten Unternehmens bedarf es eines festen Kapitalstocks. Mit Krediten oder Anleihen, die immer wieder fällig werden und deren Verlängerung unsicher ist, lassen sich nur zeitlich überschaubare Projekte bezahlen. So kommt es zur Ausgabe von zunächst nicht-rückzahlbaren Anteilsscheinen, Aktien genannt, im Gegenwert von 6,5 Millionen Gulden, einer damals stattlichen Summe. Die Aktionäre sind nicht Gläubiger, sondern Inhaber des Unternehmens. Sie sind über Dividendenzahlungen an den Gewinnen beteiligt, müssen aber den Verlust von Kapital hinnehmen, wenn die Ware verdirbt oder die Handelsposten von den Iberern überfallen und geplündert werden. Während Inhaber einer Anleihe (wie jeder Kreditgeber) einen fest vereinbarten Zins und am Ende der Laufzeit das geliehene Geld zurückerhalten, leben Aktionäre vom Unternehmensgewinn, der weniger sicher ist als eine Zinszahlung, dafür aber potentiell sehr viel höher.

Die Ostindische Kompanie wird ein voller Erfolg und sorgt dafür, dass die Amsterdamer Börse bis zur Mitte des 18. Jahrhunderts das Finanzzentrum Europas bleibt. Von Jakarta aus, das die Niederländer Batavia nennen, gelingt es, nach und nach, einen immer größeren Teil des Asienhandels zu kontrollieren. Im Jahr 1641 wird das portugiesische Malakka erobert und damit die Kontrolle über die Straße von Malakka an der Westküste Malaysias. 1667 fällt die letzte nennenswerte Niederlassung der Portugiesen an die Ostindische Kompanie, die damit ein faktisches Monopol auf den Handel zwischen Asien und Europa hat. Hinzu kommt eine immer stärkere Rolle im innerasiatischen Handel. Die Ostindische Kompanie erhält vom Shogun das Privileg, als einzige ausländische Macht mit Japan Handel zu treiben.

Die finanziellen Möglichkeiten der Ostindischen Kompanie gehen weit über alles hinaus, was vor ihrer Gründung denkbar schien. Die *East India Company*, die etwa zeitgleich in London gegründet wird, ist lange keine Konkurrenz für die Niederländer, weil ihr das finanzielle Rückgrat fehlt. In den zwei Jahrhunderten ihres Bestehens hat die Ostindische Kompanie 4.700 Schiffe unter Segel und transportiert etwa eine Million Menschen. Die Aktiengesellschaft ist die wirtschaftliche Organisationsstruktur, die Voraussetzung ist für den sagenhaften Aufschwung der Niederlande in ihrem Goldenen Jahrhundert. Durch eine eher unscheinbare Idee ist es einem eher unscheinbaren Volk zwischen Ijsselmeer und Zeeland gelungen, zu einer Großmacht zu werden. Niederländische Schiffe beherrschen einen großen Teil der Weltmeere. Um 1670 verfügen die Niederlande über 15.000 Schiffe, fünfmal so viele wie unter englischer Flagge. Über ihre Handelsstationen, die sich zu Städten wie New York oder Jakarta ausweiten, üben die Kaufleute auch bis tief ins Landesinnere beträchtliche Macht aus.

Der Niedergang der Ostindischen Kompanie hat, wie ihr Aufstieg, sowohl militärische als auch wirtschaftliche Gründe. Den Engländern gelingt es immer besser, den Ärmelkanal zu kontrollieren und damit die entscheidende Seeroute für den Asienhandel der Niederländer. Im vierten Englisch-Niederländischen Krieg (1780–1784) kommt der niederländische Handel mit Asien völlig zum Erliegen, die Warenhäuser bleiben leer, und es finden keine Auktionen mehr statt. Hinzu kommt, dass die finanzielle Substanz der Ostindischen Kompanie weit weniger stark ist, als sie es hätte sein können. Über die Jahre ist Korruption ein immer größeres Problem geworden. Die Gouverneure in den fernen überseeischen Besitzungen sind oft genug Abenteurer, die zielstrebig in die eigene Tasche wirtschaften und am Wohlergehen der Aktionäre nur ein beiläufiges Interesse haben. Dieses Problem ist der Aktiengesellschaft bis heute geblieben und hat die Existenz der Ostindischen Kompanie überlebt, die im Jahr 1798 am Ende ist und verstaatlicht wird.

Das Konzept der Aktiengesellschaft ist aber nie wieder versickert. Es ist schnell nicht nur ein ordentlicher Bach daraus geworden, sondern ein breiter Strom. Der finanzielle Erfindungsreichtum der Niederländer bleibt nicht auf den Fernhandel beschränkt. Hugo Grotius verfasst 1605 ein Rechtsgutachten für die Ostindische Kompanie, worin er die Freiheit der Meere proklamiert und den entscheidenden Schritt zur Grundlegung des Völkerrechts tut. Im Jahr 1609 wird die Amsterdamer Wechselbank gegründet, die ihren Kunden den bargeldlosen Ausgleich zwischen verschiedenen Konten anbietet und damit das Buchgeld erfindet. Sie ist die erste Zentralbank der Geschichte. Zwei Jahre später kommt die Amsterdamer Warenbörse hinzu, wo ab 1612 der Wertpapierhandel aufgenommen wird. Die Erfindung der Aktiengesellschaft ist eine Art Urknall, aus dem sich die folgenden Innovationen fast selbstverständlich entwickeln. Der Auf- und Ausbau der finanziellen Institutionen geht, sobald der Knoten einmal geplatzt ist, extrem schnell. Die Niederländer bauen ein System, in dem sich effizient Geld verdienen lässt. Als Calvinisten wissen sie, dass Reichtum zwar ein äußeres, dafür aber zuverlässiges Zeichen von Gottes Segen ist. Das spornt an. In diesem System dominiert, jedenfalls in der Anfangsphase, die Rationalität der Kaufleute wie nie zuvor in der Geschichte.

Die Niederlande erleben nicht nur aufgrund ihrer finanziellen Phantasie ein Goldenes Zeitalter. Frömmigkeit, Fleiß, Wagemut, Kunstsinn, Tinte und der Geschmack an der Piraterie spielen eine ebenso große Rolle. Rembrandt und Vermeer sind auch ohne die Ostindische Kompanie genial, aber der Reichtum und die Offenheit, die über deren Handel in die Niederlande kommen, sind eine der wesentlichen Voraussetzungen für die Entfaltung ihrer Kunst. Das alles gehört zusammen. Kein Kulturkreis hat jemals einen bemerkenswerten künstlerischen Aufschwung genommen ohne ein wirtschaftliches Fundament. Es ist kein Zufall, dass in den Niederlanden die künstlerische und geistige Revolution mit der finanziellen einhergeht. Ein Land, das Descartes und Spinoza anlockt, ist auch genial genug, um mit Tulpen zu spekulieren und dabei den Gewinn aus ungezählten Asienfahrten zu pulverisieren. Nicht nur die Not, auch die Freiheit und das Geld machen erfinderisch. Finanziers und Künstler sind nicht aufeinander angewiesen, aber sie gedeihen unter denselben Bedingungen und haben meist, aus sehr unterschiedlichen Motiven, ein lebhaftes Interesse aneinander.

Das Beispiel der Niederlande ist in gewisser Weise irreführend. Selten kann sich wirtschaftliche Rationalität so mühelos entfalten wie unter den Amsterdamer Kaufleuten des 17. Jahrhunderts. Das Wirtschaftssystem, die politische Ordnung und die Religion sind auf die Mehrung des persönlichen Wohlstands der Bürger hin berechnet. Es herrscht ein beinahe ideales Klima wirtschaftlicher Effizienz und Offenheit. Der Idealzustand ist die Ausnahme, und er kann nicht dauern, weil der Mensch nicht ideal ist. Er ist nie lange kühl berechnend und damit selbst berechenbar. Daher gelingen finanzielle Innovationen nur sehr selten so reibungslos wie in Amsterdam um 1600. In der Regel ist der Quellgrund einer finanziellen Idee über eine weite Strecke sumpfig, bevor sich ein Fluss entwickelt. Wenn ihre Zeit sie noch nicht trägt, können Ideen wie Rinnsale wieder in der Erde verschwinden, aus der sie gekommen sind.

Die Entstehung der neuzeitlichen Finanzmärkte ist gespickt mit Fehlversuchen. Das liegt daran, dass die Akteure an diesen Märkten (Financiers, Investoren, Spekulanten) nicht dem Ideal eines klugen, geduldigen, listenreichen, verständigen und berechnenden Menschen entsprechen, der eigentlich nötig wäre, damit wirtschaftliche Rationalität sich entfalten kann. Jeder Unternehmer versucht, dem Ideal zu entsprechen, aber keiner rechnet ernsthaft damit, es zu erreichen.

Als Gründungsmythos für das Zeitalter der modernen Finanzmärkte taugt daher vielleicht am ehesten der Versuch von John Law, die französischen Staatsfinanzen zu sanieren. An Law zeigen sich die Licht- und Schattenseiten finanzieller Phantasie; wie eine gute Idee kurz aufscheint und dann wieder versickert, weil sie das Kind eines Hasardeurs ist und nicht eines frommen und vernünftigen Handelsherren.

John Law wird 1671 als Sohn eines schottischen Goldschmieds und Geldverleihers in Edinburgh geboren. Er geht früh nach London, um das Handwerk des Bankiers zu erlernen, verbringt dort aber die meiste Zeit beim Glücksspiel. Als Spieler verliert er viel Geld, lernt aber, mit Wahrscheinlichkeiten umzugehen. Bereits 1694 muss er seine Ausbildung unterbrechen, da er bei einem Duell dem Gegner ein Schwert in den Bauch rammt und wegen Mordes zum Tode verurteilt wird. Mit Hilfe einflussreicher Mitspieler kann er aber aus dem Gefängnis ausbrechen, bevor das Urteil rechtskräftig wird.

Er flieht nach Amsterdam, das zu dieser Zeit noch immer der Nabel der Welt ist. Dort sieht er nicht nur die Segnungen des Buchgeldes, sondern auch die Nachteile des Münzgeldes. Um ihre Vorräte zu halten, benötigen die Händler Geld. Gibt es nur Münzgeld, so ist die Geldmenge durch die Menge des verfügbaren Goldes und Silbers beschränkt. Es kann nur so viel Handel getrieben werden, wie Edelmetalle in Form von Münzen frei zur Verfügung stehen. In guten Zeiten bedeutet das einen deutlichen Dämpfer für jede wirtschaftliche Aktivität. Nur den Geldverleihern geht es dann richtig gut, denn sie können hohe Zinsen verlangen.

Law sieht, dass der Handel noch viel lebhafter sein könnte, wenn die Menge des Geldes größer wäre. Also schlägt er den Handelsherren einen großartigen Gedanken vor: Er will eine Bank gründen, die nichtrückzahlbare Noten ausgibt, die nicht nur mit Edelmetallen, sondern auch mit Land besichert sind. Solche Banknoten nennt man Papiergeld.

In Amsterdam sind die Kaufleute klug genug, sich nicht auf Laws Geschäftsmodell einzulassen. Papiergeld lebt von der Vertrauenswürdigkeit der Menschen, die es herausgeben, und da hat Law ein Defizit, das nicht schwer zu erkennen ist. In Paris hingegen hat man nicht viel Erfahrung und die Not ist größer. Ludwig XIV. hat durch permanente Kriegsführung und den falschen Glauben, Versailles sei der Nabel der Welt, erhebliche Schulden angehäuft. Schulden wirken bei Staaten ähnlich wie Schokolade bei Kindern: Sie wissen immer erst hinterher, ob sie des Guten zu viel hatten. Die Währung ist seit 1690 vierzigmal abgewertet worden. Dass Frankreich überschuldet ist, weiß ganz Europa.

Hier sieht John Law seine Chance. Er schlägt sein Konzept einer nicht durch Edelmetalle gedeckten Währung im Jahr 1708 dem König vor, der aber ablehnt, weil Law kein Katholik ist. Nach dem Tod des Sonnenkönigs richtet er seinen Vorschlag noch einmal an den Regenten, den Herzog von Orléans, der Atheist ist und den er Gerüchten zufolge in einer Spielhölle kennengelernt hatte. Der Regent, der für jede Art von Ausschweifung zu haben ist, sieht sich vor der Alternative, entweder eisern zu sparen oder Papiergeld auszugeben. Er entscheidet sich für die damals noch unorthodoxe Variante. Am 2. Mai 1716 gründet Law mit einem Kapital von sechs Millionen Pfund eine Bank, die später unter dem Namen *Banque Royale* firmiert. Sie hat das Recht, Banknoten herauszugeben. Diese Banknoten sind eigentlich Quittungen für eingezahltes Gold und Silber und können prinzipiell jederzeit in Edelmetall getauscht werden. Die Pariser Oberschicht erkennt schnell die praktischen Vorteile der Banknoten gegenüber den herkömmlichen Louis d'Or. Bald werden die Banknoten allgemein akzeptiert.

Das eingenommene Gold wird aber nicht in der Bank verwahrt, sondern zur Tilgung der Staatsschuld und zur Finanzierung der laufenden Staatsausgaben verwendet. Um gar nicht erst den Gedanken aufkommen zu lassen, die Währung könnte nicht gedeckt sein, organisiert Law die *Compagnie de la Louisiane ou d'Occident* (auch bekannt unter dem

Namen *Compagnie du Mississippi*), die zahlreiche Monopole auf den Handel mit den französischen Besitzungen in Übersee erhält. Dieses Unternehmen verspricht durch die Ausbeutung der angeblich gewaltigen Goldvorkommen in Louisiana große Gewinne. Indem der Staat Aktien der *Compagnie d'Occident* verkauft, kann er heute Geld einnehmen, welches durch zukünftige (Gold-)Einnahmen gedeckt ist. Das verbessert das Ansehen der Banknoten, denn die *Banque Royale* nimmt viel Geld ein durch den Verkauf von Aktien und kann auf die nach wie vor im eigenen Bestand gehaltenen Papiere als zusätzliche Sicherheit verweisen. Es wäre ja auch eine Sicherheit gewesen, wenn es tatsächlich Gold am Mississippi gegeben hätte und die Aktien (und damit das Vermögen der Bank) etwas wert gewesen wären. Für den Moment jedenfalls schien hinter den Banknoten eine fast unerschöpfliche Menge Goldes zu stehen.

John Law gelingt es, eine gewaltige Hausse anzuheizen. Durch zeitweise künstliche Angebotsverknappung treibt er den Kurs der *Compagnie d'Occident* in die Höhe. Sobald die Kurse gestiegen sind, verkauft er neue Aktien. Das auf diese Weise eingenommene Geld wird aber nicht in die Goldsuche in Louisiana gesteckt – das ist vernünftig, denn es gibt dort kein Gold –, sondern in die Sanierung des Staatshaushalts. Law wird Finanzminister und zum mächtigsten Mann nach dem Regenten.

Durch die dramatisch steigenden Kurse entstehen plötzlich unglaubliche Reichtümer. Das löst eine Kaufpanik aus. Es kommt zu Tumulten an der alten Börse, sodass der Handel bald unter freiem Himmel stattfindet, auf der Place Vendôme und in der Nähe des Hôtel de Soissons. Dort müssen Wachen dafür sorgen, dass der Handel wenigstens in der Nacht ruht. Mit immer neuen Versprechungen über immer neues Gold in Louisiana schafft es Law, das Interesse immer breiterer Käuferschichten zu wecken und immer mehr Aktien zu immer höheren Kursen zu verkaufen. Das neue Geld ist ein Segen für die französischen Staatsfinanzen. Die Wirtschaft, die zuvor an Geldmangel litt, ist plötzlich bestens mit Liquidität versorgt. Das billige Geld lässt die Zinsen sinken und das Land erlebt einen wunderbaren Aufschwung. Allerdings dauern solche Glückszustände nie lange an, und ein finanziell versierter Beobachter wie Voltaire bemerkte schon 1719 korrekt, dass der Boom mehr mit Phantasie als mit Realität zu tun hat und dass »in Paris alle verrückt geworden sind«.

Skepsis ist immer angebracht, wenn der Anfang und das Ende unklar sind und die Mitte in ständiger Bewegung. 1720 bricht das System zusammen. Der Prinz von Conti ist verärgert, weil er Schwierigkeiten hat, Aktien zu kaufen. Daher schickt er einen Pferdewagen los, um seine Banknoten in der *Banque Royale* in Gold zurückzutauschen. Law ordnet zwar an, das Gold an Conti auszuzahlen, aber der Herzog von Orléans interveniert zu Gunsten der Staatskasse. Das ist keine gute Idee, denn der Regent bringt damit *tout Paris* auf den Gedanken, die Banknoten und Aktien wieder loswerden zu wollen. Die Panik bricht nun in die andere Richtung aus. Plötzlich sieht jeder, dass die *Banque Royale* ihr Versprechen nicht halten kann, bei Bedarf Papier gegen Gold zu wechseln. Es kommt zu immer neuen Abwertungen der Papiere. Zwischen September 1719 und Dezember 1720 wird der offizielle Goldkurs 28-mal geändert. Dadurch wird das Papiergeld nicht beliebter und die Lage immer prekärer. Im Juli 1720 kommt es zu schweren Ausschreitungen. Fünfzehn Menschen kommen beim Versuch der Erstürmung der *Banque Royale* ums Leben.

John Law ist ein Hasardeur und ein Gauner, der es zum Finanzminister gebracht hat. Er hat die Chuzpe, eine Illusion mit gewaltigen realen Auswirkungen aufzuziehen. Die Welt verdankt ihm das Papiergeld, das während seiner Amtszeit im Jahre 1717 in Frankreich als gesetzliches Zahlungsmittel eingeführt wird. Law bezahlt Schulden mit Schulden (Banknoten), die wiederum durch Versprechungen (Gold in Louisiana!) gedeckt sind. In dieser Geschichte von unbezahlbaren Verpflichtungen, finanzieller Phantasie und blinder Gier entsteht das Papiergeld als Ausweg für den Staat, seine ursprünglich in Gold aufgenommenen Schulden lediglich mit einer Fiktion zurückzahlen zu müssen.

Die Beobachtung, dass eine zu knappe Geldmenge die Wirtschaft abwürgt, und die Idee, dem Mangel durch die Ausgabe von Papiergeld abzuhelfen, ist durchaus richtig. Aus heutiger Sicht erscheint aber der Versuch naiv, Papiergeld akzeptabel zu machen, indem man es mit hoffnungslos inflationierten Aktien besichert. Papiergeld wird nur dann als Zahlungsmittel akzeptiert, wenn das Vertrauen besteht, dass davon nicht zu viel ausgegeben wird. Für eine disziplinierte Umsetzung des Übergangs vom Gold zum Papier ist Law sicher der falsche Finanzminister und Philippe von Orléans ganz sicher der falsche Regent. Law hat nicht die Skepsis, nicht den kühl berechnenden Verstand, nicht die Bescheidenheit, die in der Welt der Finanzen ebenso wichtig sind wie die Kühnheit, von der er zu viel mitbringt.

So versickert seine Idee schnell wieder im Quellgrund. Es gibt immer wieder Versuche, Papiergeld einzuführen, aber sie nehmen fast ausnahmslos eine schlimme Wendung: Irgendwann werden mehr Quittungen ausgestellt, als Edelmetall vorhanden ist. Kaum eine Institution kann dieser Versuchung widerstehen. Erst 250 Jahre später lösen die Zentralbanken endgültig den Zusammenhang von Gold und Geld. So lange dauert es, eine gute Idee wieder salonfähig zu machen, die durch eine finanzielle Katastrophe diskreditiert wurde. Heute ist das ungedeckte Geld nicht mehr wegzudenken.

Den bislang letzten Versuch, Papiergeld zu einem festgelegten Kurs gegen Gold zu tauschen, unternehmen ironischerweise die Franzosen, als sie im Jahr 1971 realisieren, dass die Amerikaner zur Finanzierung des Vietnamkrieges zu viele Dollars drucken und ihr Versprechen, den Dollar jederzeit in Gold zu tauschen, noch weniger halten können als zuvor. Da die Franzosen gern die Amerikaner ärgern, verlangen sie die Erfüllung des Versprechens. Aus ihrer eigenen Geschichte wissen sie zwar, dass sie damit nicht an die Goldvorräte der Amerikaner kommen, aber wenigstens haben sie ihren Spaß bei der Demütigung ihres besten Verbündeten. Die Amerikaner reagieren auf die französische Forderung wie einst der Herzog von Orléans auf den Pferdewagen des Prinzen von Conti. Sie weigern sich, ihr Gold gegen Dollars einzutauschen, und gehen zu einer reinen Papierwährung über.

Die Niederlande waren ein gut regiertes Gemeinwesen. Die Handelsherren waren sittenstreng, ohne borniert zu sein, selbstbewusst und dennoch weltoffen, und sie hatten Sinn für Geld und für Kunst. Frankreich war ein innerlich zerfallender Staat. Die von Richelieu geschaffene absolute Macht des Königtums hatte äußerlich jeder gesellschaftlichen Entwicklung ein Ende gesetzt. Was sich in Holland nach 1602 und in Frankreich nach 1716 an den Börsen entwickelt, spiegelt nichts anderes als die Verfassung, in der diese Gemeinwesen damals waren. Sie sind wie ein Sittengemälde, dessen Medium das Geld ist.

Verständlicherweise sehnt sich die Finanzwelt nach ihren Amsterdamer Wurzeln wie nach einem verlorenen Paradies. Die idealen Zustände von damals müssten doch eigentlich als Ausgangspunkt erhalten werden können. Die Geschichte der Finanzmärkte sieht aber anders aus und ist voll von aufquellenden und versickernden Ideen, denn Geld beflügelt die Phantasie und macht anfällig für Illusionen. Wie in der Politik, der Kunst, der Pädagogik – kurz: wie in allen menschlichen Angelegenheiten – kann in der Finanzwelt, was heute noch unmöglich ist, morgen bereits der letzte Schrei und die einzige Lösung sein, bloß um übermorgen als rückständig und eigentlich absurd zu gelten. Die Umstände ändern sich und mit ihnen die Moden und Leidenschaften, welche die Ideen tragen oder nicht.

Dennoch klammert sich die Finanzwelt bis heute an ihr vernünftiges niederländisches Ideal. So ist sie auf die heroische Idee gekommen, sich der Mathematik zu bedienen, um ein Modell menschlichen

Handelns zu entwerfen. Und gibt es nicht immer wieder Kaufleute und Investoren, für deren Erfolg eine emotionslos vorausschauende Methodik ausschlaggebend ist? Listenreich und wagemutig sind viele, aber bei den Erfolgreichen kommt noch die Kunst der Berechnung hinzu. Leute vom Schlage eines John Law kommen glücklicherweise nicht oft in eine Position, von der aus sie ein ganzes Land aus der Bahn werfen können, und der Normalzustand der Menschen ist vernünftig genug, um ihn berechenbar zu nennen.

Aufgeklärte Menschen sehen überall die Vernunft am Werk, auch wenn sie es in der Realität mit Menschen zu tun haben, die dem Ideal keineswegs entsprechen und deren tiefste Motive nicht nur der Nutzen, sondern auch die Furcht und der Ehrgeiz sind. Unter diesen Bedingungen hat die Wirtschaftswissenschaft Erstaunliches geleistet bei der vernünftigen Beschreibung eines oft unvernünftigen Wesens. So ist es ihr nachzusehen, wenn sie manchmal über das Ziel hinausschießt und den Menschen zu ernst nimmt. Aus einem meist vernünftigen Wesen macht sie ein immervernünftiges. Dem Spiel stellt sie die Spieltheorie zur Seite. Sie unterschätzt die Häufigkeit und den Effekt von exzentrischen Erscheinungen wie John Law und glaubt manchmal, Amsterdam sei überall.

2. KEYNES UND DIE KLASSIKER

Ἀγεωμέτρητος μηδεὶς εἰσίτω[*]

Die Finanzmärkte sind mit ihrer Theorie sehr eng verzahnt. Wenn sich in der allgemein akzeptierten Theorie etwas ändert, ändern sich auch das Verhalten der Investoren und die Spielregeln, die von den Aufsichtsbehörden festgelegt werden. In diesem Sinn schafft der Geist sich seinen Körper. Aber umgekehrt gilt auch, dass die Theorie einer stetigen Prüfung durch die Realität an den Märkten ausgesetzt ist. Eine Theorie wird nicht lange akzeptiert, wenn sie falsche Voraussagen macht. So schafft sich, umgekehrt, die Realität ihre Theorie. Es ist ein Wechselverhältnis und die Märkte kann nur verstehen, wer sowohl die Theorie als auch die Praxis kennt.

Die Theorie der Finanzmärkte ist eine relativ junge Disziplin, die im Wesentlichen nach dem Zweiten Weltkrieg in den USA unter dem Namen *Finance* entstanden ist. Bis dahin war das Interesse der Wirtschaftswissenschaft für die Finanzmärkte eher mäßig. Der erste bedeutende Ökonom, der sie auch in seinen wichtigen Schriften thematisiert, ist John Maynard Keynes. Er ist Teil der wirtschaftlichen und geistigen Elite Englands, Produkt einer reichen und tiefen kulturellen Tradition, die zu seiner Zeit ihre vorläufig letzte Blüte erlebt. Der Weg zu seiner Theorie führt Keynes durch die Windungen des Grenzgebiets von Mathematik, Ökonomie, Philosophie, Politik und Ästhetik. Keynes ist ein bunter Hund mit einer bunten Ausbildung und einem bunten Leben.

---

[*] *Keiner, der nichts von Geometrie versteht, trete hier ein!* So lautete die Inschrift über dem Eingang zur Platonischen Akademie in Athen. Vgl. Elias in *Commentaria in Aristotelem Graeca*, Bd. 18, S. 118.

Er besitzt so viel geistige Flexibilität, so viel Humor und einen so starken Sinn für die Realität, dass er sich auch für ein so schlecht systematisierbares Thema wie die Finanzmärkte interessieren kann. Da sein Interesse nie nur abstrakt ist, macht er die Börsenspekulation irgendwann zu seinem Broterwerb. Mit dieser merkwürdigen Kombination aus kulturellem Interesse, theoretischer Brillanz und praktischem Sinn für Spekulation ist Keynes bis heute ein Solitär geblieben.

Beinahe jede Facette seiner Biographie ist bemerkenswert. Keynes wird 1883 als Sohn eines Wirtschaftsprofessors geboren und erhält seine Ausbildung in Eton und am King's College in Cambridge, wo er im Glauben an die Möglichkeit der wissenschaftlich-kulturellen Weltverbesserung sozialisiert wird. Zunächst gilt sein Interesse insbesondere der Mathematik und der Philosophie. Diese beiden Fächer sind in den ersten beiden Jahrzehnten des 20. Jahrhunderts in erheblichem Aufruhr, denn um 1900 kommt der Mathematik die Grundlage abhanden, als Zweifel an der Widerspruchsfreiheit ihrer Axiome aufkommen.

Die auf diese Weise angeschlagene Mathematik ist ein leichtes Opfer für die Philosophen, die sich sofort für diese Grundlagenkrise interessieren. Zentrum der Auseinandersetzung um die Grundfesten der Mathematik ist Cambridge. Dort wirken G.E. Moore, Bertrand Russell (der Keynes als den intelligentesten Menschen bezeichnet, den er je getroffen hat) und dessen Meisterschüler Ludwig Wittgenstein, deren Denken – auf jeweils eigene Weise – von der Grundlagenkrise ihren Ausgang nimmt. In Cambridge entsteht ab 1900 die Analytische Philosophie, die zur einflussreichsten Philosophenschule des 20. Jahrhunderts wird. So nimmt Keynes aus Cambridge zwar keinen Abschluss in Wirtschaftswissenschaften mit, wohl aber ein recht fein ausdifferenziertes philosophisches Weltbild.

Sehr zum Kummer seines Vaters beschließt Keynes, seine Karriere nicht an der Universität, sondern im Finanzministerium zu machen. Auch aus seinem damaligen Freundeskreis, der legendären Bloomsbury

Group, wäre damals niemand auch nur im Entferntesten auf die Idee gekommen, einen ähnlichen Weg einzuschlagen. Keynes ist aber nicht nur ein Teil der akademischen und kulturellen Elite, er hat auch einen ausgeprägten Sinn für die Praxis. Der Staatsdienst scheint ihm der geeignete Ort, um seine in Cambridge erworbenen wirtschaftswissenschaftlichen Erkenntnisse umzusetzen. Theorie ohne Praxis ist für Keynes eine Form ohne Inhalt, das heißt langweilig.

Im Finanzministerium gibt es bald eine kolossale Aufgabe: die Planung der britischen Wirtschaft im Ersten Weltkrieg. Keynes steigt in den inneren Zirkel der Planer auf und beginnt, erheblichen Einfluss zu nehmen. Es zeigen sich seine praktischen Talente sowohl als Organisator als auch im Umgang mit den Währungs- und Rohstoffmärkten, die er zum Wohle Englands erfolgreich manipuliert. In dieser Zeit kommt Keynes zu der Erkenntnis, dass staatliche Eingriffe in die Wirtschaft unter Umständen nicht nur erforderlich sind, sondern auch funktionieren können. Regierungen können auch gut wirtschaften. Die britische Kriegswirtschaft ist enorm produktiv, obwohl das Gewinnmotiv in ihrer Steuerung nur eine Nebenrolle spielt.

Nach dem Krieg ist Keynes Mitglied der britischen Delegation bei den Versailler Friedensverhandlungen. Dabei zeigt er sich als Pragmatiker in bester englischer Tradition. Als Vertreter des Schatzamtes setzt er sich für die Begrenzung der Reparationszahlung auf eine Summe ein, welche die Zahlungsfähigkeit der Deutschen und ihrer zentraleuropäischen Verbündeten nicht überfordert. Damit steht Keynes weitgehend allein. Die Franzosen wollen die Deutschen auch wirtschaftlich auf mindestens eine Generation hinaus ruinieren. Die Amerikaner wollen keinesfalls auf die Rückzahlung ihrer Kriegskredite verzichten. Und der britische Premier Lloyd George stellt auf mehreren Wahlkampfveranstaltungen zu Hause fest, dass ein pragmatischer Umgang mit den Deutschen ausgesprochen unpopulär wäre und die Wiederwahl kosten könnte. Keynes hat das Gefühl, von Idioten umgeben zu sein.

Kurz vor der Unterzeichnung des Versailler Vertrages verlässt Keynes nicht nur die britische Delegation, sondern auch das Schatzamt. Er will nicht Teil eines Prozesses sein, dessen Konsequenz nur eine Katastrophe und der Untergang der Zivilisation sein kann. Virginia Woolf notiert in ihrem Tagebuch am 8. Juli 1919 über ein Treffen mit Keynes: »Er sagt, er ist desillusioniert. Das heißt, er glaubt nicht mehr an die Stabilität der Dinge, die er mag. Eton ist dem Untergang geweiht; die regierenden Klassen, vielleicht auch Cambridge. Diese Schlussfolgerungen hat ihm das elende und entwürdigende Schauspiel der Friedenskonferenz aufgenötigt, wo die Leute nicht für Europa, nicht einmal für England, sondern schamlos für ihre eigene Wiederwahl gespielt haben.«

Keynes publiziert im Dezember 1919 ein Buch gegen den Versailler Vertrag: *The Economic Consequences of the Peace**. Politisch lehnt er einen »karthagischen« Frieden mit Deutschland ab, weil ein auf diese Weise gedemütigtes und verarmtes Zentraleuropa zu noch ganz anderen Rachegelüsten fähig sein würde, als die Franzosen sie nun gegenüber dem Verlierer hegen. Die sozialen und politischen Schäden eines Gewaltfriedens hält Keynes für nicht kalkulierbar und wahrscheinlich grauenvoll. Die Prognosen haben sich nach und nach alle erfüllt: Deutschland muss Geld drucken in dem erfolglosen Versuch, seine Schulden zu begleichen. Zentraleuropa versinkt in Armut und einem politischen Chaos, das in den Extremismus führt. Die Alliierten erhalten selbstverständlich nur einen Bruchteil der in Versailles vereinbarten Reparationen.

Seit der Veröffentlichung seines Buches zum Versailler Vertrag ist Keynes berühmt, aber dem englischen Establishment suspekt. Erst als sich seine Prophezeiungen im Zweiten Weltkrieg bewahrheiten, wird er wieder respektabel.

---

* Dt. »Krieg und Frieden. Die wirtschaftlichen Folgen des Vertrags von Versailles«. Hg. und mit einer Einleitung von Dorothea Hauser, Berlin (Berenberg) 2006

Die Zwischenkriegszeit verbringt Keynes als Akademiker, Autor diverser Bücher und zahlloser Zeitungsartikel sowie als Spekulant – heute würde man Fondsmanager sagen. In der Regel ist er montags und freitags in Cambridge und die Wochenmitte in der Londoner City. Dort verwaltet er das eigene Geld sowie das Vermögen des King's College und der meist wohlhabenden Mitglieder der Bloomsbury Group. Keynes ist dabei oft genug erfolgreich und finanziert mit den an der Börse gewonnenen Mitteln den aufwendigen Lebensstil seiner ärmeren Freunde.

Keynes ist als Spekulant, wie sich das gehört, mehrfach mit dem Totalverlust seines Vermögens konfrontiert. Solche Ereignisse nimmt er zum Anlass für Änderungen an seiner Theorie, wie an der Börse Geld verdient werden kann. Die Suche nach der richtigen Theorie der Börsenspekulation hat Keynes zeitlebens beschäftigt. Er hält die Spekulation für eine der wenigen Tätigkeiten, für die er wirklich geeignet ist. Sie ist das, was ein brillanter, aber letztlich unkreativer Kopf am besten kann.

Schon früh ist er von der Emotionalität und Irrationalität fasziniert, die an der Börse immer wieder den Ton angeben. In seiner ersten Theorie versucht er, die Emotionen auszunützen. Danach geht es an der Börse weniger um Tatsachen, sondern darum, was die Menschen erwarten. Erwartungen werden aber in den seltensten Fällen von der Realität bestätigt, da sie meist von Gefühlen oder untauglichen Modellrechnungen oder einer Kombination aus beiden abhängen. Die Erwartungen, so formuliert Keynes bereits im Jahr 1910, werden »häufig von Moden, von Werbung oder von vollkommen irrationalen Wellen von Optimismus oder Depression abhängen«. Die Börse vergleicht Keynes mit »jenen Zeitungswettbewerben, in denen die Wettbewerber die sechs schönsten Gesichter aus einhundert Photographien heraussuchen sollen, wobei der Preis an den Wettbewerber geht, dessen Wahl den Neigungen der Wettbewerber insgesamt am nächsten kommt. So dass die Wettbewerber nicht die Gesichter heraussuchen sollen, die sie selbst am schönsten finden, sondern von denen sie denken, dass sie am ehesten den Vorstellungen der anderen Wettbewerber entsprechen.« Danach muss man nicht kaufen, was gut und billig ist, sondern wovon man annehmen kann, dass es der Mode entspricht und durch die starke Nachfrage schnell teurer wird.

Die unberechenbarsten Märkte sind die Rohstoff- und die Währungsmärkte. Hier probiert Keynes in den 20er-Jahren seine Schönheitswettbewerbs-Theorie aus. Er versteht sich als wissenschaftlicher Spieler. Er spekuliert mit Rohstoffen nicht, indem er tatsächlich Weizen, Kupfer oder Schweinehälften kauft, sondern indem er mit Terminkontrakten (Futures) handelt. Futures sind Instrumente, mit denen ursprünglich Landwirte die Einnahmen aus ihrer Ernte absicherten. Sie standen jedes Jahr wieder vor dem Problem, dass im Falle guter Ernten die Preise aufgrund des Überangebots einbrachen. So kamen zuerst die Reisbauern von Osaka im 17. Jahrhundert auf die Idee, ihre Ernte bereits zu verkaufen, lange bevor sie eingebracht wurde. Der Preis, den man zu einem solchen früheren Zeitpunkt erlöst, entspricht etwa dem dann vorherrschenden Marktpreis – solange niemand weiß, wie die Ernte wird, gibt es keinen Grund, sich einen anderen auszudenken. So hat der Bauer die Sicherheit, einen Preis für seine Ernte zu bekommen, mit dem er planen kann. Der Käufer des Future, etwa ein Fabrikant von Reisschnaps, hingegen hat die Sicherheit, dass ihm sein Rohstoff zu einem Preis und in einer Menge zur Verfügung steht, mit der er ebenfalls rechnen kann. Er sichert sich damit gegen eine schlechte Ernte ab, die ihm das Geschäft ruinieren kann.

In der Regel werden Futures heute wie zu Keynes' Zeiten aber nicht durch tatsächliche Lieferung bedient, sondern durch den Ausgleich der Differenz zwischen dem ursprünglich vereinbarten Preis und dem zum Liefertermin tatsächlich vorherrschenden Preis. Wenn Keynes also Futures im Wert von 100 Dollar kauft, so spekuliert er darauf, dass der Preis des Weizens nach oben geht. Wenn der Rohstoff zum Liefertermin 10 % teurer ist als beim Abschluss des Geschäfts, bekommt Keynes die Differenz, also 10 Dollar ausgezahlt. Ist der Preis um 10 % gefallen, so muss er in diesem Beispiel 10 Dollar zahlen. So kauft Keynes auf Termin im Jahr 1936 die Weizenlieferung eines ganzen Monats von Argentinien nach England. Als die Preise sich nicht in die richtige Richtung entwickeln, sieht sich Keynes gezwungen, zum Stilmittel der Verzögerung zu greifen. Er hofft, dass die Preise sich bald erholen und er auf diese Weise doch noch aus dem Geschäft kommt, ohne einen Differenzbetrag begleichen zu müssen. Zu diesem Zweck droht er an, die Ware physisch entgegennehmen zu wollen, was eigentlich völlig unüblich ist. Für den Fall, dass er sie tatsächlich entgegennehmen muss, hat er die Kapelle des Kings's College in Cambridge ausgemessen, die ihm als Speicherort geeignet scheint. Aber da Keynes den Weizen nicht wirklich haben will (denn dann müsste er ihn bezahlen und weiter verkaufen), behauptet er, der Weizen sei minderer Qualität und müsse gesäubert werden, bevor er angeliefert werden könne. Die Qualität des Weizens wurde damals anhand von Stichproben kontrolliert, in denen das Verhältnis der unbrauchbaren Körner zu den brauchbaren bestimmt wurde. Und tatsächlich hat Keynes das richtige Gespür (und eine Menge Glück), der Weizen entspricht nicht dem Standard und muss behandelt werden. Diese Säuberung dauert dann aber lange genug, dass der Weizenpreis sich tatsächlich wieder erholen und Keynes sein Geschäft ohne Verlust schließen kann.

So einfach haben es ihm die Märkte aber nicht immer gemacht. In den Jahren 1928/29 verliert Keynes erheblich bei Wetten auf Gummi, Mais, Baumwolle und Zinn. Sein Vermögen schrumpft von £ 44.000 auf £ 7.815. In gewisser Weise hat er Glück, bereits vor dem großen Crash an der Wall Street von 1929 bis 1932 sein Geld weitgehend verloren zu haben. Denn er ändert nun erneut seine Anlagephilosophie und gelangt zu der Überzeugung, dass seine bisherigen Versuche, kurzfristige Marktbewegungen zu antizipieren, nie sehr aussichtsreich waren. Er geht nun zu einer »Politik der Treue« über und investiert in einige wenige Aktien, die er durch Dick und Dünn behält. Dies, so Keynes neue Überzeugung, ist die einzig rationale Antwort auf die Unsicherheit der

Märkte. So kauft er 1932, nachdem die Kurse an der Wall Street um fast 90 % gefallen sind, billig amerikanische Aktien, und sein Vermögen steigt bis 1936 auf £ 500.000, das entspricht etwa 17 Millionen Pfund nach der Kaufkraft des Jahres 2010.

Bis zum letzten Drittel des 20. Jahrhunderts wird an den Börsen nach Kaufmannsart investiert. Keynes ist eine Ausnahme, er braucht für alles eine Theorie, also auch für die Börse. Es gibt keine allgemein akzeptierten Theorien der Geldvermehrung, allenfalls Systeme, die aber von Händler zu Händler ganz verschieden aussehen können und keinen Anspruch auf Allgemeingültigkeit haben. Die Mehrzahl der Wertpapiere wird gekauft, weil man sich an einer guten Firma beteiligen und ein verlässliches und hohes Einkommen haben will. Spekulationsblasen können in dieser Zeit zwar heftig sein, sind aber selten von langer Dauer (der Krach von 1929 ist die große Ausnahme). Diese Zeiten der Spekulation sind sehr lebendig und phantasievoll, und nur wenn sie zu laut und bunt werden, wie bei John Law, werden sie gefährlich. Spekulative Übertreibungen ziehen Glücksritter und Betrüger, Kirchenvorstände und Hausfrauen, Taxifahrer und Gelehrte an und sorgen für jene Würze, die die Schilderungen großer Vermögensverluste erst interessant machen. Unweigerlich pocht irgendwann aber die Realität auf ihr Recht, und es kehrt wieder die kühle Vernunft kaufmännischer Berechnung zurück.

An der Börse wird zwar wohlwollend die *Klassische Theorie* zur Kenntnis genommen, wonach freie Märkte eine feine Sache sind, aber eine konkrete Handlungsanweisung für die täglichen Geschäfte kann man daraus nicht ablesen. Die Börse ist damit ein weitgehend theoriefreier Raum. Mit der Weltwirtschaftskrise ändert sich aber alles: Im Jahr 1934, kurz nach ihrem Ende und etwa zur gleichen Zeit, in der Keynes an seinem Hauptwerk, der *General Theory of Employment, Interest and Money* schreibt, entsteht ein grundlegendes Werk der Theorie der Börse:

Security Analysis von Benjamin Graham und David Dodd. Es ist eine Bestandsaufnahme dessen, was nach einem durchschnittlichen Kursverlust von 89% an der Wall Street und ungezählten Totalverlusten weltweit in der großen Depression noch gelten kann. Es zeigt auf, worauf der Kaufmann sich verlassen kann, auch wenn alles ins Rutschen gerät. Graham und Dodd fassen zusammen, was Generationen von Investoren und Spekulanten an Wissen und Weisheit seit 1602 gesammelt haben. Darin ist dieses Buch bis heute unübertroffen.

Graham und Dodd sind in erster Linie Praktiker. Damit stehen sie auf der einen Seite eines tiefen Grabens, der bis in die 70er-Jahre des 20. Jahrhunderts die Händler der Wall Street von den Professoren der Finanz- und Wirtschaftswissenschaften trennt. Händler und Makler, also das Fußvolk der Finanzwirtschaft, haben nicht viel für Akademiker übrig. Deren Drang, möglichst jede Transaktion durch eine Rechnung begreifen zu wollen, empfinden sie als unmännlich. Umgekehrt werden Finanzwissenschaftler, die mit der Wall Street in Kontakt kommen, selten den Eindruck los, es mit einer Horde von Barbaren zu schaffen zu haben: laut, ungebildet, unberechenbar und testosteronschwer.

Graham und Dodd stellen zwar eine Reihe theoretischer Betrachtungen über die Börse an, betonen aber, dass ihr Thema nicht wie eine Naturwissenschaft behandelt werden kann: »Investitionen sind von Natur aus keine exakte Wissenschaft. ... sowohl individuelles Können (Kunst) als auch Zufall sind wichtige Faktoren, die über den Erfolg oder Misserfolg entscheiden.« Die Mathematik ist zwar eine unverzichtbare Hilfswissenschaft für den Investor, die Wertpapieranalyse kann aber niemals eine mathematische Wissenschaft sein. Die mathematische Analyse scheitert immer an unpassenden oder veränderlichen Daten, an der prinzipiellen Ungewissheit der Zukunft und der Irrationalität des Marktes. Was Graham und Dodd anbieten, ist daher ein Handbuch für den Praktiker. Man findet darin kochrezeptartige Vorschläge, wie mit Eisenbahnaktien umzugehen ist, was bei Vorzugsaktien besonders zu beachten ist, wie die Verschuldungssituation eines Unternehmens zu beurteilen ist, welche Kennzahlen einer Unternehmensbilanz über Kauf und Verkauf entscheiden sollten. Graham und Dodd wollen ein Handwerk vermitteln, und es ist ihnen klar, dass ihre Techniken und Systeme keinen Ewigkeitsanspruch haben. Ihr Anspruch ist bescheiden und realistisch.

Akademiker hingegen streben immer nach eleganten und geschlossenen Theoriegebäuden. Das Buch von Graham und Dodd will und kann diesem Standard nicht entsprechen. Anders als für den Akademiker ist es für den Praktiker kein Problem, wenn die Wertpapieranalyse keine exakte Wissenschaft ist. Ihm reicht in der Regel ein qualitatives Urteil. Es interessiert den Gläubiger in erster Linie, ob der Schuldner sein Darlehen überhaupt zurückzahlen kann, und weniger, wie hoch der Gewinn genau ist, aus dem die Zahlung geleistet wird. Dem Aktionär geht es in erster Linie um den inneren Wert einer Aktie, den er aus allerlei Umständen erahnen, nie aber genau bestimmen kann. Oder um einen gebrochenen oder ungebrochenen Trend, der irgendwie auf eine goldene oder düstere Zukunft weist. Vorhersagen und Analysen sollten möglichst genau, können aber niemals ganz genau sein. Mathematische Aussagen sind ein Hilfsmittel, nie aber das Ergebnis einer Prognose über ein Unternehmen.

Für Graham und Dodd ist die Lehre von den Finanzen eher eine Kunst als eine Wissenschaft und ihr Mittel ist eher die Klugheit als die Berechnung. Weder die Kunst noch die Klugheit ist ein Thema, das außerhalb der Philosophie wissenschaftlich untersucht oder gelehrt werden könnte. Für die Finanzwissenschaft* bedeutet dies, dass sie niemals eine deduktive »harte« Wissenschaft werden kann.

---

* Mit »Finanzwissenschaft« wird im Deutschen eigentlich der Teil der Volkswirtschaftslehre bezeichnet, wo es um die Finanzierung des Staates und seiner Aufgaben geht. Im vorliegenden Buch wird der Begriff in Ermangelung einer besseren Übersetzung als Bezeichnung des Faches »Finance« benutzt.

Nach 1929 muss man sich nicht nur ernsthafte Gedanken machen, wie Geld vernünftigerweise zu investieren ist, es steht auch die ganze, bis dahin allgemein akzeptierte Theorie der Wirtschaftswissenschaften, die *Klassische Theorie*, in Frage. Diese Theorie kann mit der Realität der Weltwirtschaftskrise nichts anfangen. Die Ereignisse widersprechen ihren Vorhersagen (z.B. stellt sich nicht bald wieder ein wirtschaftliches Gleichgewicht mit Vollbeschäftigung ein), und ihre Lösungsvorschläge machen die Situation nur noch schlimmer. Die Realität widerspricht in aller Offenheit der Theorie und will auch nicht nachgeben, wenn die Politik konsequent so handelt, wie es die Wirtschaftswissenschaft ihr vorschreibt. Die Staaten und ihre Sozialversicherungen achten auf ausgeglichene Haushalte und halten das Geld stabil und knapp durch eine feste Bindung an das Gold. Jedem klaren Kopf muss aber spätestens 1932 die Diskrepanz zwischen der an den Universitäten gelehrten Theorie und der wirtschaftlichen Realität aufgehen.

Vor diesem Hintergrund besitzt allein Keynes die intellektuelle Redlichkeit, die *Klassische Theorie* grundsätzlich in Frage zu stellen. Seine *Allgemeine Theorie* ist die Antwort auf die Unfähigkeit der Klassiker, die Ereignisse der Jahre 1929 bis 1936 zu erklären. Wie sein philosophischer Lehrer G.E. Moore, legt er wenig Wert auf die Herleitung einer Theorie aus obersten Prinzipien, seien sie mathematisch oder moralisch. Für Keynes kommt es darauf an, dass eine Theorie gut ist. Was »gut« ist, ist nach Moore intuitiv klar, denn das Wissen um Grundbegriffe wie »gelb« oder »gut« kann nicht diskursiv hergeleitet werden. Wer Erfahrung hat im Umgang mit diesen Begriffen, weiß auch, was sie bedeuten. Gut ist in Keynes Augen eine ökonomische Theorie, wenn sie hilft, die Zivilisation vor dem Chaos zu schützen. Nach diesem Kriterium ist die *Klassische Theorie* nicht gut.

Der entscheidende Punkt der *Allgemeinen Theorie* ist der Nachweis, dass die Wirtschaft auch dann im Gleichgewicht sein kann, wenn die Nachfrage zu niedrig ist für Vollbeschäftigung. Dies geschieht, wie in der

Weltwirtschaftskrise, wenn die Unternehmer angesichts einer ungewissen Zukunft vom *Animal Spirit*, ihrem irrationalen Glauben an künftige Gewinne, ihrem Unternehmergeist, verlassen werden und nicht mehr investieren. Oder wenn die Sparer ihr Geld horten, anstatt es anzulegen oder auszugeben. Insbesondere nach dem Platzen von spekulativen Blasen an Finanz- oder Immobilienmärkten verweht der *Animal Spirit*, das Niveau der Investitionen sinkt, und es gibt keine Marktkräfte, die es wieder in das »richtige« Gleichgewicht bringen. Die Nachfrage ist dann geringer als das Angebot (was nach Says Theorem, einem Eckpfeiler der *Klassischen Theorie*, nicht sein kann). Die Arbeitslosigkeit steigt dadurch, dämpft die Nachfrage weiter und es beginnt eine Abwärtsspirale.

Wenn die Wirtschaft in diesen Abgrund blickt, muss der Staat intervenieren, um die Nachfrage so weit anzuschieben, dass die *Animal Spirits* wieder erwachen und die Verbraucher ihr Geld nicht mehr horten. Dann müssen kompetente Ökonomen nachhelfen, um einen Weg aus der wirtschaftlichen Depression zu bahnen. Aus seiner politischen Biographie erklärt sich, warum Keynes eine Schwäche für staatliche Intervention hat. Aus seiner intellektuellen Biographie erklärt sich, warum er Interventionen dennoch auf das Notwendigste beschränkt sehen will und vom Dirigismus französischer Prägung nichts hält. Er weiß sehr gut, dass Schulden und staatliche Lenkung ein süßes Gift sind, von dem man nur in Ausnahmefällen kosten sollte.

Keynes hat ein erhebliches Misstrauen gegenüber der Anwendung mathematischer Modelle in der Praxis. Modelle taugen als Richtschnur des Handelns und oft auch als Erklärung vergangener Zusammenhänge. Aber bei der Anwendung auf ein soziales System wie die Wirtschaft funktioniert die Projektion von Daten der Vergangenheit (mit denen Modelle gefüttert werden müssen) auf die Zukunft nur sehr eingeschränkt. Soziale Systeme sind reflexiv, das heißt die Handlungen von Menschen ändern sich, weil sich die Handlungen der anderen Menschen ändern. Bei dem Keynes'schen Schönheitswettbewerb versucht man nicht zu erraten, wen die meisten am schönsten finden, sondern von wem die anderen glauben, dass ihn die meisten am schönsten finden. In der Wirtschaft handeln Menschen aufgrund von Erwartungen, die das System selbst – und damit die Erwartungen – verändern. Keynes bevorzugt daher einfache Modelle, bei denen der Anwender nicht in die Versuchung gerät, sie mit der Realität zu verwechseln. Keynes hat bei G.E. Moore gelernt, was das Gute ist, das ein Ökonom stets im Auge behalten muss. Und er ist ein Skeptiker gegenüber den mathematischen Methoden, die immer nur im »Zwielicht der Wahrscheinlichkeit« angewendet werden können. Im Zwielicht gilt es mit Hilfe der Urteilskraft die Qualität von Argumenten abzuwägen und das Prinzip der Minimierung von Risiken anzuwenden. Die Verwendung der Mathematik suggeriert eine Sicherheit, die es nicht gibt.

Graham und Dodd haben dieselbe Grundhaltung. Das Handeln der Menschen ist zu komplex und zu veränderlich, ihr Erfindungsreichtum zu groß, als dass es jemals in eine mathematische Formel gefasst werden könnte. An den Märkten sind eine gesunde Skepsis und ein lebhafter *Animal Spirit* viel wichtiger als theoretische Könnerschaft. Wer Bilanzen auf kleine schmutzige Betrügereien abklopfen kann und die Wettbewerbssituation einer Firma versteht, ist schon sehr weit. In diesem Sinne passt die handwerkliche Methode von Graham und Dodd gut in die von Keynes formulierte *Allgemeine Theorie.*

Die *Klassische Theorie* kann weder mit Keynes noch mit Graham und Dodd viel anfangen. Die Ökonomen waren durch die Jahrhunderte immer bestrebt, ein Theoriegebäude zu schaffen, in dem sich möglichst alles erklären lässt und unscharfe Begriffe (wie Keynes und Graham und Dodd sie für unverzichtbar halten) keinen Platz haben. Das ökonomische Denken ist ein Kind der Aufklärung. Der Glaube an das Vernünftige im Menschen und in der Welt ist ihm in die Wiege gelegt. So kann es nichts mit Phänomenen wie John Law anfangen, dafür aber alles mit den Amsterdamer Handelsherren. Der Begründer der Disziplin, Adam

Smith, ist Kind einer Zeit, die Isaac Newtons *Principia Mathematica* als das höchste Produkt des menschlichen Geistes ansieht und sich für alles begeistert, was mechanisch ist und sich bewegt und klappert. Das 18. Jahrhundert entdeckt mit Vorliebe Gesetzmäßigkeiten in der Welt, von der Planetenbewegung bis zum Verhalten der Menschen. Es hat sich von den Anmaßungen der Monarchen und der Kirche gelöst und stellt den freien selbstbestimmten Menschen in den Mittelpunkt eines versteh- und beherrschbaren Universums. Im Grunde ist dies bis heute das Menschenbild der Wirtschaftswissenschaft.

Das 19. Jahrhundert bringt von den Romantikern bis Nietzsche eine Reihe von Philosophen hervor, welche die Aufklärung hinter sich lassen und die Fakten nur für einen Teil der Wahrheit halten. Die Realität besteht für sie nicht nur aus Dingen, die man abmessen und idealerweise auch fallen lassen kann, sondern genauso gut aus Phänomenen, die noch in einem Entstehungsprozess, die neu und unberechenbar sind. Der *Animal Spirit* gehört genauso zur Realität wie die Zahlen zur Arbeitslosenstatistik. Im Gegensatz zu Keynes kann die *Klassische Theorie* aber nur mit der letzteren etwas anfangen. Sie ist und bleibt ein reines Produkt der Aufklärung. Sie bleibt auch unbeleckt von den Finanzmärkten, deren ganz eigentümliche Mechanik bis zum großen Crash von 1929 nur wenige Akademiker interessiert.

Der Geist der Wirtschaftswissenschaften wird in ihrer Anfangszeit noch von philosophisch gebildeten Menschen geprägt. Ab dem Ende des 19. Jahrhunderts ändert sich das Soziotop radikal und die Ingenieurwissenschaften werden zur intellektuellen Leitkultur. Prägend für die Ökonomie sind in dieser Zeit Léon Walras (1834–1910) und Vilfredo Pareto (1848–1923), die beide ursprünglich eine Ausbildung zum Ingenieur mitbringen und vom Lehrstuhl für Ökonomie an der Universität von Lausanne aus die Wissenschaft umkrempeln. Beide sind hervorragende Mathematiker. Die Mathematik macht in den 200 Jahren vor Walras enorme Fortschritte bei der Beschreibung natürlicher Prozesse und so liegt es nahe, das Arsenal der Mathematik auf die Wirtschaft anzuwenden und dabei das ganze Theoriegebäude zu vereinheitlichen. Das ist nicht nur theoretisch elegant, sondern ermöglicht auch erhebliche Erfolge bei der Erklärung ökonomischer Phänomene.

Diese Leistung ist nicht zu unterschätzen. Nach Walras ist die Wirtschaftswissenschaft nie wieder auf das alte, vormathematische Niveau zurückgefallen. Sie wird zu einer Naturwissenschaft mit dem Anspruch, die ökonomischen Prozesse so gut modellieren zu können, dass Voraussagen zu wirtschaftlichen Entwicklungen gemacht werden können, die prinzipiell nicht weniger präzise sind als die Aussagen der Physik zu den Planetenbewegungen. Die Mathematik wird zur Sprache, aber auch zum Schmuck und Ehrenzeichen jeder ökonomischen Abhandlung. Walras' Erfolg ist so durchschlagend, dass die Frage, ob die mathematische Methode überhaupt passt, nach ihm nie wieder gestellt worden ist. Seither entwerfen Ökonomen mathematische Modelle in der Erwartung, dass die Realität schon klein beigeben werde im Angesicht der kristallklaren Analyse.

In der Ökonomie wird seither nur noch berücksichtigt, was sich messen oder zählen lässt. Das Denken der Ökonomen findet seit Walras in Zahlen und Formeln statt. Philosophisch ist das unsauber, denn es setzt Faktizität mit Realität gleich. Zur Realität gehört aber noch erheblich mehr als nur das, was sich mit einer Zahl benennen lässt. Aber dennoch (oder deswegen) ist der Ansatz enorm erfolgreich. Walras setzt die Wirtschaftswissenschaft auf eine Schiene, die sie bis heute im Wesentlichen nicht mehr verlassen hat. Die in seinem Geist weiterentwickelte Wirtschaftstheorie wird heute die *Klassische Theorie* genannt. Die Annahmen, die er für sein Modell machen muss, sind zwar vereinfachend, aber nicht unplausibel: Sie haben zur Voraussetzung, dass von Menschen gemachte wirtschaftliche Entscheidungen berechenbar sind, dass ihr Motiv die Mehrung des eigenen Nutzens ist, dass Angebot und Nachfrage –

und damit die Wirtschaft insgesamt – sich im Gleichgewicht befinden und dass es nur *ein* Gleichgewicht gibt. Und der Erfolg gibt ihm recht.

Eine ganze Reihe von Ingenieurs-Ökonomen macht nach Walras und Pareto aus der Klassik eine Orthodoxie. Diese lebt bis heute weitgehend unangefochten fort. Nicht einmal ihr Versagen in der Weltwirtschaftskrise konnte ihr Selbstbewusstsein nachhaltig trüben. Keynes Kritik in der *Allgemeinen Theorie* wird weitgehend weggelächelt, denn seine Theorie, die nur teilweise mathematisch formuliert ist, steht quer zur Klassik, die nur für anschlussfähig hält, was sich in einer Formel aufschreiben lässt.

An dieser Stelle entsteht das Mann-mit-dem-Hammer-Problem. Ein Mann, der nur einen Hammer hat und nur dieses Werkzeug kennt, wird jedes Problem, das sich ihm stellt, mit dem Hammer zu lösen versuchen. Er wird Schrauben in Bretter zu hauen versuchen, er wird unebene Stellen auf einem Brett gerade zu klopfen versuchen, und manchmal wird er auch einen Nagel mit dem Hammer in die Wand schlagen. Richtig glücklich wird er nicht mit seinem Hammer, aber da er den Rest des Werkzeugkastens nicht kennt, wird er sein Unglück wahrscheinlich nicht realisieren. Also macht er weiter und sieht jedes Problem aus der Hammer-Perspektive. Alles muss sich mit einem Hammer lösen lassen.

Der *Klassischen Theorie* geht es nicht anders. Sie wendet auf alles die Mathematik an und erwartet, sie habe für alles eine Lösung. Das mag in den Ingenieurwissenschaften stimmen, aber in einer Sozialwissenschaft wie der Ökonomie verpasst man durch diese Verengung der Perspektive manchmal das Wesentliche. Die Theorie über die Praxis zu stellen und Phänomene zu ignorieren, wenn sie in der Theorie keinen Platz haben, ist etwas naiv und manchmal sogar gefährlich.

Aus dem mathematischen Korsett der Klassik heraus betrachtet ist das Buch von Graham und Dodd selbstverständlich ein Flop, auch wenn es von manchen Praktikern bis heute sehr geschätzt wird. Welcher Wissenschaftler von Rang liest schon ein Buch, das sich selbst die Wissenschaftlichkeit abspricht? Wie soll eine Finanzwissenschaft, welche die Mathematik nur für eine Hilfe hält und die Präzision der Naturwissenschaften für eine Illusion, mit dem Rest der Ökonomie verbunden werden, die sich selbst zunehmend als angewandte Mathematik begreift? Der Mann mit dem Hammer, in diesem Fall der Ökonom mit der naturwissenschaftlichen Methode, kann mit der Irrationalität, wie sie sich allzu oft an den Finanzmärkten Bahn bricht und die Keynes und Graham und Dodd auf sehr unterschiedliche Weise einzufangen versucht hatten, nichts anfangen.

Das Problem der geschlossenen Weltbilder ist ihre Geschlossenheit; das gilt auch für die Ingenieurs-Ökonomie seit Walras. Wenn die Realität nicht kooperiert, muss sie wegdefiniert oder ignoriert werden, was immer etwas heikel ist. Diese Geisteshaltung hat Voltaire (1694–1778) in seinem Roman *Candide* wunderbar beschrieben. Dr. Pangloß ist der Lehrer des gutmütigen und gutgläubigen Candide. Dr. Pangloß ist der größte Philosoph Westfalens und ein treuer Anhänger der Lehre vom Optimismus, wonach die Welt, in der wir leben, die beste aller möglichen Welten ist. Candide ist begeistert von seinem Lehrer und lässt sich nur schwer vom traurigen Zustand unserer Welt überzeugen. Das Unglück beginnt damit, dass Candide sich in die schöne Kunigunde verliebt und ihr einen Kuss gibt. Daraufhin wird er mit Fußtritten aus dem schönsten aller möglichen Schlösser verjagt und muss nun am eigenen Leibe erfahren, was er nicht glauben kann: dass die Welt schlecht ist. Zunächst wird er Soldat bei den Bulgaren, wo er so lange Spießrutenlaufen muss, bis er darum bettelt, dass man ihm den Kopf einschlägt. Als er an einem Feldzug teilnimmt, sieht er die unendlichen Greuel, welche die Völker einander vollkommen sinnlos antun. Anschließend kommt er nach Lissabon, wo er Zeuge des großen Erdbebens wird, dem ein guter Teil der Stadt und ihrer Einwohner zum Opfer fallen. Er trifft dort den von einer

Geschlechtskrankheit grausam entstellten Dr. Pangloß wieder und erfährt, wie seine Heimat im Krieg zerstört und seine geliebte Kunigunde vergewaltigt und ermordet worden ist. Pangloß wird dann von den Portugiesen gehenkt und verbrannt und Candide flieht nach Südamerika. Erst hier kommen ihm langsam Zweifel, ob unsere Welt wirklich die beste aller möglichen ist. Nach einigen weiteren Abenteuern, bei denen Candides Vertrauen in die Welt gründlich missbraucht und verraten wird, kommt er am Ende doch noch mit seiner Kunigunde zusammen, die, entgegen dem ursprünglichen Bericht, zwar nicht ermordet worden ist, sonst aber alles Unvorstellbare erlitten hat. Als er sie wiedersieht, hat sie, nach all der Gewalt und dem Elend, »vergilbte Haut, blutunterlaufene Augen, eingetrocknete Brust, faltige Wangen, gerötete und schuppige Haut«, er nimmt sie aber trotzdem – aus Pflichtgefühl und um Kunigundes Bruder zu ärgern. Pangloß, dem es irgendwie gelungen ist, seine eigene Hinrichtung zu überleben, taucht zum Abschluss ebenfalls noch einmal auf und ist verunsichert, ob die Welt, in der wir leben, tatsächlich die beste aller möglichen ist. Aber er hält an seiner Theorie fest: »Pangloß gab zu, dass er immer schrecklich gelitten hatte; da er aber einmal die Ansicht vertreten habe, es stehe alles zum Besten, blieb er dabei, ohne daran zu glauben.«

Voltaire schreibt eine Parodie auf die Philosophie von Gottfried Wilhelm Leibniz (1646–1716). Leibniz ist nicht nur (mit Newton) Schöpfer der Differenzialrechnung, sondern auch eines unbedingten Rationalismus. Seine Philosophie beschreibt die Welt als einen Kosmos, in welchem nichts ohne zureichenden Grund geschieht und der daher verstehbar ist. Wenn wir Menschen etwas nicht verstehen, so liegt das nicht an der Sache, sondern an unserem trüben Verstand. Wenn alles eine Ursache hat, von der her es sich berechnen lässt, so muss nur der Kopf gut genug sein, um ein System zu begreifen. Wenn Gott gut und die erste Ursache von allem ist, dann kann die Welt nur gut sein, denn warum sollte Gott sich mit weniger zufriedengeben? So erklärt sich die »Besessenheit zu behaupten, alles sei gut, wenn es einem schlecht geht«. Ein solches System des Rationalismus ist offensichtlich am besten durch eine Parodie zu widerlegen, denn jedem, der Zweifel daran hat, wird unweigerlich entgegengehalten, dass er einfach nicht in der Lage ist, die höhere Vernunft und ihr Werk zu begreifen.

In der modernen Finanzmarkttheorie finden wir ein gutes Stück jenes Leibniz'schen Optimismus wieder. Sie entwickelt sich nicht nach den pragmatischen Linien, die Graham und Dodd vorgezeichnet hatten, sondern versucht ein rationalistisches System zu entwerfen, aus welchem die Widersprüche nach Gutsherrenart wegdefiniert werden. Sie geht davon aus, dass alle Akteure rational sind und daher über dieselbe Theorie verfügen. Sie nimmt an, dass die marktrelevanten Informationen, auf die diese Theorien angewendet werden, sich in Windeseile verbreiten. Da also die rationalen Begründungsketten durchgängig sind, gibt es für jede Handlung an der Börse einen zureichenden Grund. Das ist etwa so elegant und plausibel wie Leibniz' Philosophie.

Allen Ökonomen ist in den 30er- und 40er-Jahren klar, dass die Finanzmärkte einen Platz im Gebäude der Wirtschaftswissenschaft finden müssen. Zu groß ist der Schaden des Krachs von 1929, um es sich erlauben zu können, die Börse weiterhin zu ignorieren. Die Finanzwissenschaft, die sich in der zweiten Hälfte des 20. Jahrhunderts als eigenständige Disziplin herausbildet, muss aber in das geschlossene Weltbild der Ingenieure passen. Daher kommen die früheren Ansätze nicht in Frage, sie sind nicht anschlussfähig. Eine Lehre wie die von Graham und Dodd, die im Ungefähren verbleibt und sich allenfalls in Teilaspekten den Mantel der Mathematik umhängen kann, ist ein Kunsthandwerk oder eine Praxis, aber eben keine Wissenschaft und damit nicht salonfähig.

So ignoriert die Finanzwissenschaft weitgehend, was die Praktiker der ersten Jahrhunderthälfte sagen. Sie entwickelt dennoch einen enormen Einfluss auf die Märkte, indem sie die Investmentbanken mit Legionen von Universitätsabsolventen versorgt, die in der neuen Theorie, die im Wesentlichen von Paul Samuelson und insbesondere Harry Markowitz ins Leben gerufen wurde, ausgebildet sind. Das Weltbild der Ingenieurs-Ökonomen wird ab den 70er-Jahren auch an den Finanzmärkten tonangebend. Der Verlockung, alles ausrechnen zu können, kann sich niemand mehr entziehen.

Der Kern dieser (heute *Moderne Portfolio-Theorie* genannten) Theorie geht auf Louis Bachelier (1870–1946) zurück, einen französischen Mathematiker. Bachelier legt als Dissertation im Jahr 1900 eine *Théorie de la Spéculation* vor, mit der er die Finanzmathematik als eigenständige Disziplin begründet. Allerdings findet er zu Lebzeiten keine große Anerkennung. Die wird ihm erst zuteil, als in den 50er-Jahren des 20. Jahrhunderts Paul Samuelson die Arbeit Bacheliers aufgreift und in sein Theoriegebäude integriert.

Aktienkurse kommen nach der Auffassung von Bachelier und Samuelson etwa folgendermaßen zustande. Eine Firma verdient voraussichtlich eine Summe X über die nächsten Jahre. Wenn man sich die Aktie dieser Firma kauft, wird man aber nicht die Summe X zu zahlen bereit sein, denn es besteht eine gewisse Unsicherheit, ob wirklich alles so kommt wie erwartet, und es besteht die Alternative, das Geld auf ein Bankkonto zu tun und dort einen weitgehend risikolosen Zins zu erhalten. Also verlangt der Investor einen gewissen Abschlag zur Summe X, er diskontiert. Wenn beispielsweise das Sparkonto 3 % im Jahr abwirft, wird der Aktionär mindestens 8 % im Jahr verdienen wollen, um für sein Risiko gegenüber dem Sparer entschädigt zu werden. Um diesen Satz diskontiert er den Wert der künftigen Gewinne des Unternehmens und kommt so auf einen Preis, den er für die Aktie zu zahlen bereit ist. Da es viele Marktteilnehmer gibt, stellt sich über kurz oder lang so etwas wie ein Gleichgewichtspreis ein, mit dem alle zufrieden sind – nach dem von Walras beschriebenen Prozess.

Wenn nun eine neue Information verfügbar wird, welche die Gewinnaussichten des Unternehmens schmälert oder verbessert, so schlägt sich dies im Aktienkurs nieder, indem die 8 % Abschlag im Jahr auf die geänderten Gewinnaussichten angepasst werden. So entsteht ein neuer Gleichgewichtspreis, der den aktuell verfügbaren Informationen entspricht.

Aktienkurse sind ein Spiegel der aktuellen Gewinnaussichten und des vom Markt verlangten Risikoabschlages. Da sich neue Informationen nicht vorhersagen lassen (sonst wären sie ja nicht neu), lassen sich auch Aktienkurse nicht vorhersagen. Wie ein Betrunkener, der nach Hause strebt, tendieren Aktienkurse im allgemeinen langfristig nach oben, aber im Einzelnen sind ihre Bewegungen unberechenbar und zufällig. (Kurse sind, wie man heute sagen würde, stochastisch unabhängig und normalverteilt.)

Bacheliers Ansatz fließt mit der Annahme rationaler Akteure in der sogenannten Hypothese der Effizienten Märkte (*Efficient Market Hypothesis*) zusammen, wonach alle marktrelevanten Informationen in den Börsenkursen enthalten sind. Da alle Marktteilnehmer rational sind, verwenden sie dieselben Formeln, um den Wert einer Investition zu ermitteln. Und wenn alle Marktteilnehmer dieselben Informationen haben, kommen alle zu demselben Ergebnis und es gibt keinen Grund, zu einem Kurs zu handeln, der etwas anderes darstellt als den errechneten Wert. Wenn es aber nicht möglich ist, Wertpapiere unter ihrem Wert zu kaufen, ist es auch nicht möglich, ein Portfolio zusammenzustellen, das eine bessere Wertentwicklung hat als der Markt. Kein Fondsmanager kann den Markt auf Dauer schlagen. In diesem Sinne ist das Marktportfolio – der Index – effizient.

Die Hypothese, wonach die Märkte rational und effizient seien, hat, wie Leibniz' Optimismus, viel Hohn und Spott aushalten müssen. Nach dieser Theorie kann kein Handel an den Börsen stattfinden, denn für niemanden wäre es rational, ein Wertpapier über oder auf seinem berechneten Wert zu kaufen – ebenso wenig, wie es rational wäre, es auf oder unter dem wahren Wert zu verkaufen. Es können sich keine Blasen an den Börsen entwickeln, da die Kurse immer vernünftig die richtig berechneten Zahlungsströme widerspiegeln. Da es keine Spekulation gibt und der Börsenkurs immer dem wahren Wert eines Unternehmens entspricht, sorgt eine gute Unternehmensführung dafür, dass der Aktienkurs steigt (z.B. durch Aktienrückkäufe oder eine gute Pressearbeit), denn der steigende Kurs ist Beweis genug, dass das Unternehmen ganz famos geführt wird.

Die Börsen wären wohl die beste aller möglichen Welten, wenn das alles so wäre. Vernünftig, wohlgeordnet, berechenbar, sauber. Die Realität ist aber nicht gnädig und vielen akademischen Marktteilnehmern geht es heute wie Dr. Pangloß am Ende des Romans. Sie handeln nach einer Theorie, an die sie nicht glauben.

Kurse bewegen sich in der Tat normalerweise wie betrunkene Teilchen und in der Regel funktioniert die Theorie. Aber da der Mensch die Grenzen des Machbaren ausreizt, kommt es immer wieder zu Ausnahmesituationen. Und gerade dann, wenn es undurchschaubar wird und die Normalität zerbricht, hilft die Theorie nicht weiter. Allzu oft bricht sich an der Börse eine vollkommen unberechenbare Irrationalität Bahn. Dafür nach einem Modell zu suchen gleicht nicht der Suche nach der Nadel im Heuhaufen, sondern der Beschreibung eines Einhorns: hübsch anzusehen, aber wirklichkeitsfremd.

Der Mathematiker Benoît Mandelbrot, Schöpfer der fraktalen Geometrie, hat früh auf die Diskrepanz zwischen Theorie und Realität hingewiesen. Beispielsweise werden die Risiken in der optimistischen Welt des Dr. Pangloß systematisch unterschätzt. Wenn die täglichen Schwankungen des Dow Jones Index, wie von Markowitz gefordert, normalverteilt wären, hätte der Index zwischen 1916 und 2003 an 58 Tagen um mehr als 3,4% schwanken dürfen; tatsächlich waren es 1.001 Tage. An sechs Tagen hätten es mehr als 4,5 % sein dürfen; tatsächlich waren es 366 Tage. Alle 300.000 Jahre hätten es mehr als 7 % sein dürfen. Tatsächlich ist das 48-mal geschehen im 20. Jahrhundert.

Es bleibt die bedauerliche Erkenntnis, dass die moderne Portfoliotheorie nicht in der Lage ist, die Bewegungen des Marktes zu erklären. Bei einzelnen Aktien lassen sich zwar Erklärungen für gewisse Kursbewegungen finden, aber für den Markt insgesamt gibt es eine solche rationale Erklärung nicht. Das Niveau des Aktienmarkts lässt sich nicht durch Zinssätze oder deren Änderung, durch Dividenden und Gewinne (oder deren Erwartung) erklären. Wären Aktienkurse von Fundamentaldaten wie Dividenden abhängig, so wären sie lange nicht so volatil, wie sie es tatsächlich sind. Gewinne und Dividenden ändern sich weit weniger stark, als dass Aktienkurse als Reaktion oder Voraussage von Gewinnen begriffen werden könnten. Der US-Aktienmarkt hat sich zwischen 1920 und 1929 verfünffacht. Bis 1932 hat er diese Gewinne vollständig wieder abgegeben. Zwischen 1954 und 1973 hat er sich real verdoppelt. 1974 waren diese Gewinne wieder verschwunden. Zwischen 1982 und dem Jahr 2000 hat der Markt sich verachtfacht. Davon hat er bis 2009 gleich zweimal die Hälfte wieder abgegeben. In all dieser Zeit sind die Dividenden einigermaßen konstant gestiegen. Paul Samuelson hat daraus geschlossen, der Markt sei mikroeffizient und makroineffizient, was eine hübsche Formulierung für das Nicht-Weiterwissen ist.

Die moderne Portfoliotheorie scheitert in erster Linie, weil menschliches Verhalten sich nicht in einem mathematisch formulierten Modell abbilden lässt. Solange Menschen an der Börse handeln, wird es ausgedehnte Phasen geben, in denen Sehnsüchte und Ängste, Naivität und Betrug, Ignoranz und Cleverness die Vernunft überlagern. Auch Menschen, die von der Anlage her kühl und berechnend sind, geraten gelegentlich in den Ausnahmezustand, denn »je planmäßiger die Menschen vorgehen, desto wirksamer trifft sie der Zufall«, wie Friedrich Dürrenmatt es formuliert hat. So verstärkt der Einsatz von Computern Paniken eher, als dass sie dadurch eingedämmt würden. In der Gedankenwelt des Rationalismus haben die Farben der Welt keinen Platz, sie existieren aber trotzdem. Mit Unvernunft kann man nicht rechnen, man sollte es aber dennoch versuchen.

Das zweite grundsätzliche Problem besteht darin, dass an den Märkten die Theorie die Realität verändert. Akteure, die an eine Theorie glauben, verhalten sich anders als solche, die nicht daran glauben. Da Prognosemodelle aber aufgrund von Daten entwickelt werden, die vor der Entstehung des Modells erhoben wurden, können sie keine sinnvolle Aussage machen über ein Verhalten, das wenigstens teilweise durch das Modell motiviert wird.

Es gibt unendliche Beispiele dafür, dass Prognosemodelle nur bis zu ihrer allgemeinen Akzeptanz funktionieren: Die Dow-Theorie, entwickelt von Charles Dow, dem Gründer und ersten Herausgeber des *Wall Street Journal*, empfiehlt, Aktien zu kaufen, wenn der langfristige Durchschnittskurs von Industrie- und Transportwerten nach oben tendiert, und zu verkaufen, wenn die Tendenz nach unten geht. Im Jahr 1929 gab diese Regel beim Indexstand von 308 ein wunderbares Verkaufssignal. Im Jahr 1933, bei einem Stand von 84, tendierte der gleitende Durchschnitt wieder nach oben und gab ein Kaufsignal. Wer dieser Regel folgte, ersparte sich den Zusammenbruch in der Weltwirtschaftskrise und konnte anschließend ein Vermögen machen. Das blieb nicht lange ein Geheimnis. Um das Jahr 1938 wurde die Theorie extrem populär und hat bis heute eine gewisse Anhängerschaft. Leider hat sie seither nicht mehr so richtig funktioniert und es wäre seit 1938 besser gewesen, die Aktien einfach zu behalten und die Handelsregeln der Dow-Theorie zu ignorieren.

Das dritte grundsätzliche Problem der modernen Portfoliotheorie ist die Komplexität des Marktgeschehens selbst, die es unmöglich macht, zu sagen, ob die mathematische Methode der Klassik sinnvoll angewendet werden kann oder nicht. Edmund Phelps, der im Jahr 2006 den Nobelpreis gewonnen hat, weist darauf hin, dass die Risikomodelle, die auf der Theorie der Effizienten Märkte beruhen, nie besonders gut fundiert waren: »Die Idee hatte etwas Mystisches, dass die Marktteilnehmer wüssten, wie man dieses oder jenes Risiko bepreisen, das heißt im Marktwert einer Anlage ausdrücken sollte. Aber man kann sich nicht vorstellen, dass ein so komplexes System so detailliert und in so erstaunlicher Genauigkeit verstanden werden kann. ... Die erforderlichen Informationen gehen weit über unsere Fähigkeit hinaus, sie zu sammeln.« Komplexe Systeme (wie Bürokratien oder auf Verschuldung basierende Investment-Konstruktionen) entwickeln eine extreme Empfindlichkeit gegen Abweichungen vom Schema. Wenn etwas passiert, das in der Vergangenheit so noch nicht vorgekommen und daher auch für die Zukunft nicht vorgesehen ist, geraten komplexe Systeme schneller ins Wanken als einfache. Die Akteure müssen dann ihr gewohntes Schema verlassen und handeln plötzlich in einer Weise, die im System nicht vorgesehen ist.

Hochkomplexe Systeme können leicht ins Chaos umschlagen. Sie funktionieren nicht wie einfache mechanische Konstruktionen. Das ist der einfache Grund, warum man sich lieber von erfahrenen Ärzten operieren und von Piloten im besten Alter fliegen lässt. Komplexe Systeme funktionieren oft nach dem Lehrbuch, aber in den interessanten Situationen, wenn es drauf ankommt, ist Erfahrung und der gebildete Menschenverstand mehr wert als alle Theorie. Wenn die Modelle nicht mehr funktionieren und die Märkte nicht mehr berechenbar sind – was immer wieder vorkommt –, helfen nur noch Urteilskraft und Intuition.

Wenn etwas nicht mehr berechenbar ist, so hat es keinen Sinn, von Unsicherheit zu reden, denn Unsicherheit lässt sich mathematisch nicht fassen. Diesen Zustand beschreibt man besser als Unschärfe. In diesem Wort, das bereits in der Quantenmechanik treffend Verwendung gefunden hat, steckt schon der Hinweis auf einen Grenzbereich, der sich mathematisch nicht greifen lässt. Graham und Dodd wussten um die Grenzen mathematischer Beschreibungen und den Wert der Urteilskraft. Ihre Anfang der 30er-Jahre durch schlechte Erfahrungen gewonnene Einsicht, dass die Märkte nur fast vernünftig sind, konnte sich nicht durchsetzen in einer Welt, in der nur als wissenschaftlich gilt, was in Formeln daherkommt. Damit steht die heute allgemein akzeptierte Theorie aber auf brüchigem Fundament, was es für die Praktiker nicht einfacher macht.

Die *Klassische Theorie* kann das Entstehen von Spekulationsblasen nicht erklären. Instabile Verhältnisse sind dort nicht als Ergebnis vorgesehen. Sie ist wie ein Gebäude, das auf einem bestehenden Fundament mitsamt Infrastruktur gebaut ist, ohne mit ihm verbunden zu sein. Die Infrastruktur ist ein funktionierender Finanzmarkt und ein gut kapitalisiertes Bankensystem. Die Theorie geht davon aus, dass das Wachstum von den Investitionen bestimmt wird und die Investitionen von der Sparneigung der Leute. Für ein Bankensystem, das zu ängstlich ist, das zur Verfügung stehende Geld auszuleihen (»Liquiditätsfalle«), ist in der Theorie genauso wenig Platz wie für törichte Ehrgeizlinge, die überinvestieren und das Kapital in sinnlosen Projekten verspielen. Eine Theorie, die außer Acht lässt, wie ihr eigenes institutionelles Fundament in der Praxis funktioniert, und die immer wieder auftretende Krisen nicht erklären kann, gerät in Zeiten wie nach 1929 oder 2008 in Erklärungsnot.

Die Theorien, welche die Blasenbildungen an den Finanzmärkten plausibel erklären, haben alle das Problem, dass sie sich außerhalb der neoklassischen Orthodoxie ansiedeln müssen. Sie stehen meist in der Tradition von Keynes. So geht es auch der bis heute besten Theorie zur Instabilität der Finanzmärkte, die Hyman Minsky (1919–1996) in den 80er-Jahren entwickelt hat. Minsky hat den unschätzbaren Vorteil, nicht nur Professor und ein kluger Mann gewesen zu sein, sondern auch tatsächlich in einer Bank gearbeitet zu haben. Er hat selbst gesehen, wie das Geschäft dort läuft, und weiß, wie Investoren ticken. Jede Beschreibung von Finanzinstitutionen muss sich über deren tatsächliches Funktionieren Gedanken machen, über die Menschen, die dort arbeiten, und Motive wie Furcht und Ehrgeiz, nicht nur über die Regel, nach der die Menschen funktionieren sollen.

In Minskys Theorie gibt es drei Stadien, durch die sich die Marktteilnehmer immer wieder bewegen. Zunächst sind die Anleger nicht ehrgeizig und bewegen sich auf der sicheren Seite. Investitionen werden konservativ finanziert und die Einnahmen decken Zins und Tilgung. Es kann nicht viel schiefgehen, wenn der Kredit, beispielsweise zur Finanzierung einer Immobilie oder einer Unternehmensbeteiligung, so niedrig ist, dass die Mieteinnahme bzw. die Dividende ausreicht, ihn vollständig zurückzuzahlen. Es sind ruhige Zeiten und mit der Ruhe steigen Wohlstand und Preise. Der Mensch bleibt aber meistens nicht lange bescheiden: Steigende Preise legen den Gedanken nahe, höhere Kredite aufzunehmen, bei denen der Zins, aber nicht die Tilgung aus den Einnahmen gedeckt wird. Das ist das zweite Stadium. Eine solche Finanzierung ist nicht mehr konservativ, sondern spekulativ. Sie funktioniert, solange die Preise nicht sinken, denn die Zinsen können gezahlt werden, und wenn der Kredit ausläuft, steht für die Anschlussfinanzierung dieselbe Sicherheit zur Verfügung, für die man wahrscheinlich wiederum einen Kredit bekommt. Da Kredite eine Hebelwirkung haben, sind die Gewinne in steigenden Märkten umso größer, je höher die Fremdfinanzierung ist. Die Verkaufserlöse werden immer höher und mit ihnen wächst das Eigenkapital, das für neue Käufe zur Verfügung steht. Mit den neuen Käufen steigen die Preise weiter. Je mehr Eigenkapital zur Verfügung steht, desto mehr Kredit steht auch zur Verfügung, denn die Sicherheiten, die die Bank verlangt, werden immer wertvoller.

Die letzte Phase dieses Zyklus nennt Minsky Ponzi-Finanzierung.* Dabei reichen die Einnahmen nicht mehr aus, um die Zinsen zu bezahlen, von der Tilgung ganz zu schweigen. Eine solche Finanzierung lohnt sich nur, wenn die Preise deutlich steigen und das gekaufte Wertpapier (oder die Immobilie) schnell zu einem deutlich höheren Preis weiterverkauft werden kann an einen noch größeren Idioten. Das ist dann im Wesentlichen ein Schneeballsystem: Um die Forderungen des Gläubigers (der Bank) zu befriedigen, nimmt man das Geld vom nächsten (dem man das Wirtschaftsgut noch teurer andreht). Schneeballsysteme brechen irgendwann zusammen. Ein Beispiel für eine solche Ponzi-Finanzierung sind die USA vor der großen Rezession von 2008/09. Das Land war in den Jahren davor immer reicher geworden, indem sich die Amerikaner mit Geld, das sie vom Ausland (insbesondere den Chinesen) geborgt hatten, gegenseitig ihre Häuser immer teurer verkauften. Dabei waren immer mehr Amerikaner auf die Idee gekommen, sich Immobilien anzuschaffen, obwohl sie weder Zins noch Tilgung bedienen konnten und allein von der Hoffnung auf einen Gewinn beim Verkauf lebten. Auch Immobilienpreise können aber fallen und so stellte sich die Hoffnung als Illusion heraus, als das Karussell sich zu drehen aufhörte und die oft mit Nichts finanzierten Häuser nicht weiterverkauft werden konnten. Sie fielen den Banken bleischwer vor die Füße.

Minsky hält den Pendelschwung von der konservativen Finanzierung zur Ponzi-Finanzierung für ein Problem, dem der moderne, finanzbasierte Kapitalismus nicht entgehen kann. Der Mechanismus, den er beschreibt, kann nicht abgeschafft, sondern nur abgemildert werden:

* Benannt nach dem berühmten Betrüger Charles Ponzi, der im Sommer 1920 ein Schneeballsystem entwickelte, das eine Rendite von 50 % in 45 Tagen versprach. Damit hatte Ponzi unglaublichen Erfolg und zog große Summen an. Allerdings war er nicht in der Lage, eine solche Rendite zu erwirtschaften, und hat es auch nicht wirklich versucht. Vielmehr hat er die Auszahlung der Gewinne aus den Einzahlungen neuer Anleger bedient.

»Der Hauptfehler unserer Wirtschaftsform ist, dass sie instabil ist. Diese Instabilität kommt nicht von äußeren Schocks oder der Unfähigkeit und Unwissenheit der Regulierungsbehörden. Die Instabilität entsteht aus den internen Prozessen unserer Wirtschaftsform. Die Dynamik einer kapitalistischen Wirtschaftsweise, die komplexe, verfeinerte und sich ständig ändernde finanzielle Strukturen hat, lässt Bedingungen entstehen, die zu Inkohärenz führen – zu galoppierender Inflation oder tiefen Wirtschaftskrisen. Aber die Inkohärenz muss nicht durchschlagend sein, weil Institutionen und Regulierungen den Drang zur Instabilität eindämmen können. Wir können, sozusagen, die Instabilität stabilisieren.« Will man die periodischen Zusammenbrüche, die dann und wann in Depressionen führen, vermeiden, so muss man darauf verzichten, die zentralen Angelegenheiten einer marktwirtschaftlich verfassten Gesellschaft dem Markt zu überlassen, »wie etwa die Einkommensverteilung, die Aufrechterhaltung der wirtschaftlichen Stabilität ... und das Bildungswesen.« Das aber ist wohl zu viel Sozialismus, um an den amerikanischen Universitäten Gehör zu finden, und so wird Minsky bald nach seinem Tod vergessen.

3. DRAMATIS PERSONAE

*Mein Gastfreund, was geschehen soll nach Gottes Willen, vermag ein Mensch nicht abzuwenden. Und auf die, welche vertrauenswürdig sprechen, will auch kein Mensch hören. Was ich sagte, ist vielen unter den Persern wohl bewusst, und doch folgen wir dem Zwang, der uns fesselt. Und der schlimmste von allen menschlichen Schmerzen ist der, große Einsicht zu haben und keine Macht.**

Nachdem nun geklärt wäre, wie etwa die Geisteswelt der Finanzmärkte aussieht, und welches die theoretischen Eckdaten der Entscheidungsträger sind, wenden wir uns den praktischen Fragen zu. Denn so wenig sich das Leben im Kloster aus der Lektüre der Regel des Ordensgründers erfahren lässt, findet sich an der Börse zurecht, wer nur ihre Theorie kennt. Was für Typen sind das, die dort handeln und in was für einer Welt leben sie? Wes Geistes Kind sind die *Dramatis Personae* und wie arbeiten sie? Die Theorie gibt da nicht viel her, denn allen Bemühungen der verhaltensforschenden Wissenschaften zum Trotz verhalten sich bis heute Menschen oft anders, als sie es nach der Theorie sollten. Damit geht es den Ökonomen nicht anders als den Theologen oder Moralphilosophen, die sich ebenfalls mit geringem praktischem Erfolg auf letzte Prinzipien berufen. Das tatsächliche Verhalten des Einzelnen wird oft besser nach den Regeln des Romans beschrieben als in einer Theorie modelliert. Das gilt auch und gerade für den *Homo oeconomicus*, der sich eine rebellische Grundverfassung über die Jahrtausende erhalten hat.

---

* Herodot, 9,16. Aus der Rede des Persers Attaginos beim persisch-thebanischen Gastmahl vor der Schlacht von Plataiai 479 v. Chr.

Die Theorie, wie sie von Markowitz formuliert worden und heute allgemein akzeptiert ist, beschreibt einen guten Teil des Geschehens an den Börsen, aber nicht die ganze Geschichte. Das liegt daran, dass der Mensch, wie Kant es einmal etwas frustriert (und weitab seiner Hauptwerke) formuliert hat, aus krummem Holz gemacht sei, und daraus könne nichts Gerades gezimmert werden. Der Mensch verhält sich oft anders als er soll und muss. Darin ist er wie ein Kind. Er ist ehrgeizig und listig, er bricht Gesetze und kann furchtbar unvernünftig sein. Er löst Bankenkrisen aus und ist bereit, Aktien zu lächerlich hohen Bewertungen zu kaufen und zu lächerlich niedrigen Bewertungen wieder zu verkaufen, wenn es ihm Sinn zu machen scheint. Theoretisch sollte das alles nicht vorkommen. Die Praxis erzählt aber unterhaltsam von zahlreichen Episoden, in denen der Verstand und mit ihm das theoretische Fundament der Finanzmärkte gründlich versagen. Sobald es interessant wird, wann immer das Unerwartete eintritt, muss die Theorie um die Menschenkenntnis erweitert werden.

Wie also verhält sich der Mensch an den Finanzmärkten, wenn man einmal von der Theorie absieht? Was tun die Marktteilnehmer, wenn sie ganz bei sich sind? Wenn am Ende doch Graham und Dodd recht haben und es sich beim Investieren eher um eine Kunst und ein Handwerk handelt, wie müsste ein Investor gestrickt sein, damit er sich nicht verhält wie ein Kind? Eine mögliche Antwort wäre es, nach dem idealen Investor zu fragen. Wenn wir wissen, wie man idealerweise verfasst wäre, um an der Börse ein großes Rad zu drehen, wenn wir wissen, was man dort können, wissen und aushalten muss, um erfolgreich zu sein, können wir schon eine Menge über den Menschenschlag sagen, auch wenn der Einzelne in der Praxis dem Ideal nicht entspricht. Denn auch wenn's weh tut, muss sich jeder am Ideal messen lassen, und sei es, wenn er sich in einer stillen Stunde vor sich selbst verantwortet.

Nach der gängigen Theorie muss er eigentlich nur gut rechnen können. Das ist in der Praxis so, als würde man von einem Künstler nur verlangen, dass er gut Farben mischen kann. Es muss noch einiges dazu kommen, mindestens aber der Unternehmergeist, den Keynes *Animal Spirit* nennt. An dieser Stelle lehnen wir uns an eines der großen Werke der Philosophie des 20. Jahrhunderts an, das zwar heute schon etwas staubig geworden ist, aber noch immer das Leuchten des Genies hat. In der *Dialektik der Aufklärung*, von der hier die Rede ist, beschreiben Max Horkheimer und Theodor Adorno das Ideal eines Unternehmers anhand des griechischen Helden Odysseus. Da die Akteure an der Börse weitgehend dieselben Eigenschaften haben sollten wie ein Unternehmer (jedenfalls behaupten sie das immer von sich), können wir das dort beschriebene Ideal für unsere Zwecke verwenden. Wir haben zwar ernste Zweifel, ob Homer seinen Helden auch als den idealen Investor gesehen hätte, aber der Gedanke ist interessant. Bei genauem Hinsehen bringt Odysseus tatsächlich eine Reihe von Eigenschaften mit, die nicht nur im Kampf mit Zyklopen, Sirenen, Nymphen und Trojanern, sondern auch im Umgang mit Wertpapieren nützlich sind. Allerdings schweigt Homer darüber, ob Odysseus gut rechnen konnte. Auch da sind wir uns nicht sicher, denn insgesamt macht der Vielgewandelte (so wird er zu Beginn der Odyssee benannt) nicht den Eindruck, lange in der Schule gewesen zu sein.

Man muss die Odyssee tatsächlich nicht mit sehr viel Phantasie lesen, um an Odysseus auch nützliche Charakterzüge zu finden. Sie lässt sich lesen als eine Studie der Eigenschaften, die der moderne, aufgeklärte Mensch braucht, um sich in einer modernen aufgeklärten Umwelt zurechtzufinden. Am Beispiel des Odysseus lässt sich aber auch zeigen, aus welch krummem Holz die Menschen sind, die in einer marktwirtschaftlichen Ordnung Erfolg haben.

Odysseus …

Odysseus hat sich von späteren Kritikern immer wieder die Frage nach seinem Charakter gefallen lassen müssen. Seine herausragendste Eigenschaft ist seine Klugheit. Dafür wird er von den Griechen vor Troja geschätzt. Er ist der Mann mit den guten Ratschlägen, der aber auch moderieren kann, wenn die Emotionen mal wieder hochkochen unter den über die Jahre frustrierten Belagerern. Er ist der Hauptansprechpartner der Athene bei den Griechen, die gerne mit intelligenten Männern zu tun hat. Schließlich ist sie die Göttin der Weisheit.

Die Klugheit des Odysseus ist die der Katze vor dem Mauseloch. Eine gute Katze weiß, dass die Welt nicht nur aus Katz und Maus besteht. Eine Katze, die nicht nur erfolgreich bei den Mäusen ist, sondern auch selbst ein langes Leben hat, schielt, während sie vor dem Mauseloch lauert, immer mit einem Auge zur Tür, ob dort der Hund kommt. Sie ahnt, dass sie ebenso gut Jägerin wie Gejagte sein kann. Die Welt besteht nun mal aus Katz und Maus und Hund. Erfolgreiche Katzen vergessen über ihren Jagdinstinkt nicht, dass immer auch etwas schiefgehen kann. Seine Skepsis sorgt dafür, dass Odysseus die Risiken wägt und am Leben bleibt.

Er ist kühl berechnend, auch das macht ihn nicht zu einem Sympathieträger. Als ihm Circe sagt, um nach Hause zu gelangen, müsse er in der Mitte zwischen Skylla und Charybdis hindurchsegeln, wobei die Skylla aber sechs seiner Gefährten fressen werde, ist er nach peinlich kurzem Zögern bereit, seine Freunde zu opfern. Wenn es keine Alternativen gibt, muss man sich über sie auch nicht den Kopf zerbrechen. Es stimmt wohl, was ein Vorstand einer großen Deutschen Bank einmal gesagt hat: Wer Loyalität möchte, soll sich einen Hund kaufen.

Eine ewige Unruhe, ein Kämpferherz, lässt ihn in scheinbar ausweglosen Situationen, wie in der Höhle des menschenfressenden Zyklopen Polyphem, doch immer einen Ausweg suchen, denn es ist nur selten, wie zwischen Skylla und Charybdis, dass es ihn nicht gibt. Odysseus gerät nie in Panik, sondern klopft die Situation auf ihre Möglichkeiten ab. Oft probiert er mehrere Möglichkeiten aus, bis eine klappt, wie zum Beispiel die List mit dem Trojanischen Pferd. Dabei ist er, wie seine Mentorin Pallas Athene, nie um eine Lügengeschichte verlegen, wenn es der Sache dient. Er will das Ergebnis, die Mittel sind ihm ziemlich egal. Dabei hat er eine große Affinität zur List, denn in einer offenen Konfrontation weiß man nie, wer als Sieger vom Platz geht. Am Heldentod hat er keinerlei Interesse, dafür hat er zu vielen Helden beim Sterben zugesehen. Odysseus sichert seine Wetten ab, er scheut das unkalkulierbare Risiko. Er ist ein Kämpfer, der sich vor dem Kampf das Ende überlegt.

Odysseus ist kein sehr entspannter Typ. Seine Gedanken kreisen ständig um das nächste Ziel. Das macht das Zusammenleben mit ihm schwierig. So seufzt die Nymphe Calypso, die lange Jahre seine Geliebte war, als die Beziehung zu Ende geht: »Wahrlich, du bist ein Schalk, nie denkst du müßig und zwecklos.« Ob er am Ende, als er zu Penelope zurückkehrt, endlich zur Ruhe kommt, davon schweigt Homer. Wir wagen es aber zu bezweifeln: Entweder man hat Hummeln im Hintern oder nicht.

Der beste Freund der Göttin der Weisheit auf Erden sucht immer die vernünftige Lösung. Er weiß, dass er entsetzlich emotional sein kann, und trifft daher immer wieder Vorkehrungen, dass er sich zu nichts hinreißen lässt. Zur Not fesselt er sich an die Vernunft. So möchte er unbedingt den Gesang hören, mit dem die Sirenen spaßeshalber die Seefahrer anlocken, um ihnen dann beim Zerschellen an den vorgelagerten Felsen zuzusehen. Also verschließt er den Gefährten die Ohren mit Wachs, lässt sich selbst an den Segelmast binden und kann so den Gesang hören, ohne unvernünftig zu werden.

Am überraschendsten ist vielleicht, dass Odysseus weder eitel noch großspurig ist. Er hat ein großes Selbstbewusstsein und muss dem Rest der Welt nichts beweisen. Er verleugnet seinen Stand und Namen, als es darum geht, den Zyklopen zu täuschen oder sich beim Sauhirten Eumaios aufnehmen zu lassen. Wenn es der Sache dient, kann Odysseus sehr bescheiden sein. Er kann es sich eingestehen, wenn er sich irrt, und korrigiert seine Fehler. Wäre bei Odysseus nicht immer ein großes Maß an Berechnung im Spiel, könnte ihn seine gelegentliche Zurückhaltung fast sympathisch machen.

Odysseus braucht immer eine Rückversicherung und hat stets auch das eigene Überleben im Blick. Er hat die Schlacht um Troja überstanden und ist am Ende, auch wenn es eine Weile gedauert hat, glücklich nach Hause gekommen. Ein Teil der kommentierenden Nachwelt hat ihm das übel genommen, denn Helden sollten für ihre Sache sterben. Sie kommen zum Ziel, indem sie sich für den Kampf entscheiden und ihr eigenes Ende in Kauf nehmen. Hektor unterliegt Achill im Kampf und sein Leichnam wird durch den Staub geschleift; Apollon lenkt einen Pfeil in die verwundbare Ferse des Achill. So enden Helden.

Die Persönlichkeit des Odysseus ist viel zu komplex für einen Helden, weshalb es so schwer ist, sich mit ihm zu identifizieren. Er befindet sich oft im seelischen Zwiespalt, und vielleicht will er deshalb einfach nur nach Hause. Die Odyssee ist die Charakterstudie eines Mannes, der auf seiner Fahrt unendlich viel lernt, der sich anpasst, ohne sich in ein vermeintliches Schicksal zu fügen, der keine Skrupel kennt, immer klug handelt, der nicht gierig ist und wenig Interesse am Wohlleben zeigt, und der vor allem enorm viel Glück hat. Odysseus ist aber vor allem skeptisch. In seiner Welt lauert immer irgendwo eine Gefahr und sein erster Gedanke ist stets, ob sie nicht vielleicht sogar noch größer ist, als sie erscheint. Auf niemanden lässt er sich ganz ein, er hinterfragt alles und jeden. Homer gibt Odysseus nicht die Eigenschaften eines Helden, sondern die eines Menschen, der (im Wesentlichen) erfolgreich ist und seine Ziele (irgendwann) erreicht.

Jemanden wie Odysseus muss man nicht mögen. Es bleibt unklar, was Frauen wie Circe oder Calypso außer seinem Status und seiner durchtriebenen Intelligenz an ihm schätzen. Wir können nur feststellen, dass Odysseus offensichtlich Eigenschaften hat, die ihm das Überleben – und am Ende sogar Ruhe und Frieden – ermöglichen in einer rauhen Umwelt, in der seine Freunde wie Feinde dem Untergang geweiht sind.

Die *Dialektik der Aufklärung* hat darin recht, dass die Eigenschaften, die Odysseus mitbringt, das Leben als Unternehmer und Investor enorm erleichtern. Aber leider handelt es sich dabei um ein Ideal. Wäre jeder an der Börse so listenreich und klug und skeptisch und entscheidungsfreudig, würde wahrscheinlich kein Handel stattfinden. Alle würden sich permanent Fallen stellen, in die am Ende keiner tappt, weil ein Odysseus Fallen wittern kann. Alle hätten tollen Erfolg bei tollen Frauen wie Circe, Calypso und Penelope, was den Ehrgeiz des Eroberers nicht befriedigen kann. Das Ideal ist weit weg und bei genauer Betrachtung kann es gar kein Ideal geben, wenn alle dem Ideal entsprechen. Aber das ist eine andere Frage …

… und die Wiesel

Wer sein Leben vor einem Bildschirm verbringt, hat äußerlich nicht viel mit einem antiken Helden gemein. Er hat keine haarige Brust, keine stählerne Faust und keinen in die Ferne schweifenden kühnen Blick. Das ist aber nicht schlimm, denn Odysseus war schon zu Homers Zeiten nur ein Ideal. Die Menschen, die heute an den Finanzmärkten handeln, wären idealerweise listenreich, berechnend, mutig, ehrgeizig, klug und schön. Je näher sie diesem homerischen Ideal kommen, desto erfolgreicher sind sie, und viele sind, zumindest für eine Weile, tatsächlich überzeugt, das Ideal erreicht zu haben. Dabei ist es offensichtlich, dass die Mutigen, Klugen, Listenreichen und Berechnenden allzu oft eine kleine und unbedeutende Minderheit sind.

Wie weit die handelnden Personen vom Ideal entfernt sind, was sie umtreibt, auf was und warum sie reagieren, ist wesentlich für das Verständnis der Finanzmärkte. Wie sie funktionieren, ist aber nur zu verstehen, wenn man sich die Jobs näher ansieht, in denen sie, meist vorübergehend, ihrer Arbeit nachgehen. Moderne Menschen aus Knochen, Fleisch und Blut handeln in einem institutionellen Rahmen, der ihr Denken und Streben stark beeinflusst. Der Aufbau und die Struktur der Finanzindustrie beeinflussen den Informationsfluss und die Qualität der Entscheidungen erheblich. Die Institutionen sind dabei aus mindestens ebenso krummem Holz gemacht wie die Menschen, die darin arbeiten. Wie Entscheidungen tatsächlich zu Stande kommen, hängt nicht nur von den konkreten Menschen ab, sondern auch von den Institutionen, in denen sie sich bewegen.

Die Akteure in der Finanzwelt sind auf unüberschaubar viele Einzelthemen spezialisiert. Die Märkte und die Jobs verändern sich ständig, weshalb ihre enzyklopädische Aufzählung und Beschreibung ein sinnloses Unterfangen wäre. Wir konzentrieren uns daher auf den Bereich, der unmittelbar und permanent mit den Börsen zu tun hat. Wir übergehen die auf Unternehmenskäufe und Fusionen spezialisierten Investmentbanker ebenso wie die Verwalter von Wagniskapital oder *Private Equity*, die nur gelegentlich, wenn sie ihre Beute versilbern wollen, mit der Börse Kontakt haben. Es sei nur so viel gesagt, dass die Manager von börsennotiertem und nicht börsennotiertem Kapital einander in wechselseitiger tief empfundener Verachtung gegenüberstehen. Keiner versteht, was der andere macht, und was der Bauer nicht kennt, das mag er nicht.

Ebenso übergehen wir die Privatanleger, die nur gelegentlich und mit bescheidenen Summen an der Börse handeln. Sie haben an der Börse etwa dasselbe Ansehen wie Plankton im Ozean. Ohne den Plankton können die kleinen Fische nicht leben und ohne die kleinen haben auch die großen nichts zu fressen. So gesehen hängt alles vom Plankton ab, und der Privatanleger ist die vielleicht wichtigste Geldquelle für die Finanzmärkte. Dennoch bekommt der Plankton nicht den Respekt, den er verdient. Er wird einfach nur undankbar und gedankenlos gefressen. Würden die großen Fische über den Plankton nachdenken, wären sie wahrscheinlich glücklich, dass es ihn gibt. Aber es denkt niemand über den Plankton nach.

Eine grobe Ordnung schafft bislang noch die Trennungslinie zwischen Aktien und Anleihen, die auch für die Karrieren maßgebend ist. Der entscheidende Unterschied liegt in den Zahlungsströmen und den Charakteren, die sich davon angezogen fühlen. Anleihen werfen wie jeder Kredit Zinsen ab, sind eigentlich gut berechenbar und harmlos und werden daher gerne auch Renten genannt. Wer Anleihen handelt, war in der Schule gut im Rechnen, hat weder beruflich noch privat gerne Überraschungen, ist aber in der Lage, sich über Zehntelprozente aufzuregen. Aktien sind eine Beteiligung an einem Unternehmen, die mal mehr, mal weniger Dividenden abwirft und, dem Zustand des Unternehmens und der Laune des Marktes entsprechend, sehr hoch oder sehr niedrig bewertet sein kann. Als Aktionär muss man auch mal tapfer sein, wenn es nicht so läuft wie gedacht, wenn mit dem Unternehmensgewinn der Börsenwert dahinschmilzt und ein Vermögen sich in ein Trinkgeld verwandelt. Es geht aber auch oft genug umgekehrt aus, glücklicherweise, denn sonst hätte bald niemand mehr Lust, sich an einem Unternehmen zu beteiligen.

Aktien sind in vieler Hinsicht nur noch das bunte Gesicht der Finanzwelt, während der Anleihenmarkt längst viel spannender ist. Sie stehen in dem Ruf, gefährlich zu sein, seit der Crash von 1929 die Weltwirtschaftskrise eingeläutet hat. In der Folge wurden die Aktienmärkte immer stärker kontrolliert und reguliert und sind heute ziemlich zahnlos. So haben sie nach und nach an Bedeutung verloren, und die Musik spielt nun in der Zinslandschaft. Diese hat aber nicht mehr viel mit den Rentenmärkten von früher zu tun, denn viele der innovativen und risikolustigen Köpfe, die ehedem auf der Aktienseite zu finden gewesen wären, haben in den beiden letzten Generationen fast durchwegs die Freiheit gewählt und ihre Karrieren in der weniger stark regulierten Welt der Anleihen gemacht. Entsprechend sieht diese nun aus. Dort sind riesige neue Märkte entstanden, wie etwa die Märkte für *Junk Bonds* (»Schrottanleihen«; früher wäre niemand auf die Idee gekommen, dass es ein besonders gutes Geschäft sein könnte, besonders schlechten Schuldnern Geld zu leihen) oder *Mortgage Backed Securities* (»MBS«; Bündel von Hypothekenkrediten, die von den Banken als Anleihen weiterverkauft werden) oder für *Credit Default Swaps* (»CDS«, wodurch man sich, je nach Lage, gegen den Ausfall eines Schuldners versichern oder auf seinen Untergang setzen kann).

Heute ist ungleich viel mehr Geld in den Anleihemärkten investiert als in den im Vergleich dazu langweiligen Aktienmärkten. Daher kann es auch nicht überraschen, dass alle großen Krisen der letzten Jahre vom Anleihemarkt ausgegangen sind. Wann immer seit 1980 eine Investmentbank untergegangen ist, hat der zweifelhafte Geschäftssinn der Anleihenleute die Katastrophe ausgelöst. Drexel Burnham (Insiderhandel und Junk Bonds 1986), Kidder Peabody (Insiderhandel 1986), Salomon Brothers (Betrug beim Handel von US-Staatsanleihen 1991), Bear Stearns, Merrill Lynch und Lehman Brothers (Finanzkrise 2008) wurden alle von ihren Anleihehändlern in die Knie gezwungen, ebenso wie der Hedgefonds LTCM und noch viele andere, deren Namen heute niemand mehr nennt. Selbstredend standen diese Häuser zum Zeitpunkt der Katastrophe immer unter der Führung von Managern, die auf der Anleiheseite groß geworden sind.

Die 900-Pfund-Gorillas an den Aktienmärkten sind die Manager der großen Hedge- und Publikumsfonds, an den Anleihemärkten spielen neben den Managern der Fonds und der Eigenbestände der Banken auch noch die Händler eine wichtige Rolle. Publikumsfonds sind Anfang des 20. Jahrhunderts entstanden, indem Gruppen von Investoren ihre Ersparnisse bündelten und einem Treuhänder anvertrauten, mit dem frommen Wunsch, er möge das Geld erhalten und vermehren. Sie sind in ihrer heutigen Form für die Ersparnisse der breiten Masse gedacht. Der Plankton glaubt, dass es einem Investmentprofi möglich ist, enorme Gewinne an der Börse zu erwirtschaften, und möchte daran teilhaben, indem es sein Geld von solchen Profis verwalten lässt und ihnen dafür jedes Jahr einen Teil des verwalteten Vermögens (ca. 1,5 %) abtritt. Es gibt daneben eine Reihe großer Investoren wie Stiftungen, Pensionskassen, Versicherungen etc. (*Institutionelle Investoren*), die ebenfalls an ihre Fähigkeit glauben, einen jener Profis zu finden, die es im Kreuz oder in den Genen haben, phänomenale Ergebnisse an der Börse zu erzielen. Deren Fonds stehen einer breiteren Öffentlichkeit in der Regel nicht offen.

Die Fondsindustrie lebt davon, dass es immer wieder Lichtgestalten gibt, die in der Lage sind, kolossal zu verdienen, ohne übermäßige Risiken einzugehen. Solche quasiidealen Fondsmanager haben den Scharfsinn eines Analysten, die Entschlossenheit eines Händlers und das Verkaufstalent eines Maklers (im Jargon: *Broker*). Bill Miller hat den US-Aktienmarkt 15 Jahre in Folge geschlagen, bevor sein Stern steinschwer gesunken ist; Anthony Bolton hat in den 28 Jahren, in denen er für Fidelity einen Europafonds managte, 19,5 % im Jahr erwirtschaftet (gegenüber 13,5 % für den Markt). Mit seinen Anleihefonds kann Bill Gross von PIMCO auf einen ähnlich satten Erfolg verweisen. Die wenigsten Fondsmanager sind aber auf Dauer in der Lage, Indices wie den *Dow Jones Industrials Index* oder den DAX zu schlagen. Anders kann es nach der modernen Portfoliotheorie auch nicht sein. Der Index bildet den Markt ab – in den genannten Fällen durch einen Korb von 30 großen Aktiengesellschaften (*Blue Chips*), die in ihrer Branche führend sind. Da Anleger den Index kaufen können über sogenannte *Indexfonds*, in denen dieselben Werte in derselben Gewichtung enthalten sind wie im Index, macht der Erwerb von aktiv gemanagten Fonds nur Sinn, wenn man sich der Qualität des Fondsmanagers sicher sein kann.

Wer in der Lage ist, eine bessere Wertentwicklung bei einem geringeren Risiko zu produzieren als der Index, ist von außen sehr schwer zu sagen und auch von innen ist der Unterschied zwischen Glück und Können nicht leicht festzumachen. Beides kann zu einer guten Wertentwicklung führen, aber nur Letzteres ist von Bestand. Die Fondsindustrie hat ein starkes Interesse, die Unterschiede im Nebel zu lassen, denn die Anleger sollen an das Können glauben und die oft teuren aktiv gemanagten Fonds kaufen. Es bleibt daher immer ein vor den Augen der Öffentlichkeit geschützter Bereich, wo es durchaus menschlich und meist nicht sehr heldenhaft zugeht. Die langfristig erfolgreichen Fondsmanager brauchen diesen Freiraum, denn um den Index zu schlagen, muss man nicht nur gut rechnen, gut mitdenken und Bilanzen lesen können. Ohne Intuition, ein Gefühl für den Markt, gesunde Paranoia, Ehrgeiz und Entscheidungsfreude kommt kein guter Fondsmanager oder Händler aus. Diese Eigenschaften sind in der Theorie nicht vorgesehen und in der Praxis sehr selten.

Die Manager aktiver Fonds sind in der Regel nicht sehr aktiv. Insofern ist der Name irreführend. Viele bilden weitgehend den Index ab, den sie zu schlagen vorgeben, das heißt sie kaufen in ihr Portfolio von Wertpapieren genau die Aktien oder Anleihen, die im Index enthalten sind, in genau der Gewichtung, wie sie im Index vorgesehen ist. Die Wertentwicklung von Fonds und Index unterscheidet sich dann nur um die Verwaltungsgebühr und die Steuern, die im Fonds anfallen. Die Fondsmanager halten sich damit einerseits an die gängige Theorie, wonach sie es sowieso nicht schaffen können, besser zu sein als der Markt. Die Lichtgestalten der Branche haben danach entweder Insiderwissen oder Glück und meistens beides. Andererseits ist es in der Praxis tatsächlich schwer, den Index zu schlagen, denn in den Indices sind viele komplizierte Unternehmen, die schwer zu durchschauen sind. Sich in einem Dschungel von 30, 50 oder 500 Bilanzen zurechtzufinden, ist für den Außenstehenden, der ein Fondsmanager immer ist und bleibt, nahezu unmöglich. Eigentlich müsste er nicht nur die Bilanzen verstehen und auf ihre buchhalterischen Spezialitäten hin abklopfen (wo wird welche Schweinerei versteckt?), sondern auch die Geschäftsmodelle und die strategische Ausrichtung dieser Unternehmen verstehen und bewerten können. Damit kann ein Fondsmanager aber nur überfordert sein.

Indem sie sich auf den Index setzen, schaffen die Fondsmanager keinen Mehrwert (den Index könnte man billiger auch über einen Indexfonds kaufen), aber sie machen auch nichts grundlegend falsch. Der Fondsmanager hat für die Fehlervermeidungsstrategie ein starkes Motiv, denn die Wetten müssen schnell aufgehen. Stellt sich eine Abweichung vom Index nicht oder erst nach einem Jahr als profitabel heraus, verliert er schnell seinen Job. Das ist ein sehr asymmetrischer Anreiz: Geht die Wette auf, bekommt der Fondsmanager einen überschaubaren Bonus. Geht sie nicht oder zu spät auf, wird er arbeitslos. Die Sanktion des Scheiterns steht in keinem sinnvollen Verhältnis zum Lohn des Erfolgs. Daher liegt es für jeden Fondsmanager nahe, die Mühe zu sparen, sich etwas anderes für sein Portfolio auszudenken als den Index, selbst wenn er es eigentlich besser weiß.

Nun muss der Fondsmanager aber Aktivität vortäuschen, denn er wird für sein Können und seine besonderen Fähigkeiten bezahlt. Zum Mythos des Fondsmanagers gehört der Mut und der Wille zur Wette. Die Anleger wollen das glauben. So muss er doch immer wieder einige Wetten eingehen und so tun, als hätte er den Markt fest im Griff. Ein Fondsmanager ist wie ein Wiesel, das eigentlich viel zu klein ist, um Tieren nennenswerter Größe weh zu tun, aber dennoch als Raubtier in die Welt geboren wurde und sich nun mal so verhalten muss. Wie das Wiesel wird der Fondsmanager – wie jeder andere Akteur an den

Finanzmärkten auch – sich immer wieder auf Dinge einlassen, die ihn im Grunde völlig überfordern. Wer liest schon gerne die Bilanzen von General Electric oder Siemens, wer kann sagen, ob die Kreativen bei Disney wirklich kreativ sind, wer weiß, ob Vodafone in Afrika gut positioniert ist? Diese Kämpfe gehen nicht immer gut aus für das Wiesel. Wie ein Raubtier muss der Fondsmanager aber auftreten, denn das Publikum will echte Kerle sehen, geschmeidig und muskulös, die auf jede erdenkliche Weise vermitteln, Herr der Lage zu sein. Der Fondsmanager soll keine Memme sein, sondern Rendite bringen für die Anleger und es besser machen als der nächste. So schlecht das Wiesel auch von der Natur für seine Lebensweise ausgestattet sein mag, es ist nun mal ein Fleischfresser und es bleibt ihm nichts übrig, als sich gelegentlich ein Herz zu nehmen und Beute zu machen.

An dieser Stelle kommen die Broker und Analysten ins Spiel, deren Rolle offiziell die Unterstützung der Fondsmanager ist. Bleibt man bei der Wieselanalogie, so sind die Fondsmanager etwas größere Wiesel, weil ihnen die tatsächliche Macht über Käufe und Verkäufe zukommt. Broker und Analysten müssten demnach als Mauswiesel bezeichnet werden, weil ihre Macht und ihr Verdienst unmittelbar abhängen von denen, die sie beraten.

Die Analysten sind theoretisch die besten Köpfe in der Branche, vielleicht genießen sie deshalb das geringste Ansehen. Ihre Aufgabe ist es, die Unternehmen zu analysieren, deren Aktien oder Anleihen die Fondsmanager kaufen möchten. Sie befinden sich damit in einer denkbar schlechten Situation. Auf der einen Seite werden sie von den Unternehmen mit Informationen versorgt, die dessen Zustand in den seltensten Fällen tatsächlich wiedergeben. Es heißt, der Bikini sei ein so erfolgreiches Kleidungsstück, weil er viel zeige und suggeriere, das Wesentliche aber verhülle. So ist es auch mit den Bilanzen und Ertragsrechnungen, die in der Regel so konstruiert sind, dass sie nach außen viele Zahlen präsentieren, die interessanten Zusammenhänge aber, wenn überhaupt, nur in Fußnoten preisgeben. »Der Reingewinn ist der Teil der Bilanz, den der Vorstand beim besten Willen nicht mehr vor den Aktionären verstecken kann«, wird Carl Fürstenberg zitiert, der geistreichste Bankier Berlins um 1900. Daran hat sich bis heute nichts geändert. Die Erstellung der Bilanzen ist interessegeleitet und diese Interessen zu verstehen wäre eigentlich die wichtigste Aufgabe der Analysten – wenn das nicht ein für Außenseiter nahezu unmögliches Unterfangen wäre. Das traurige Ergebnis ist, dass die Kauf- oder Verkaufsempfehlungen der Analysten keinen großen Wert haben. Ob Analysten eine Aktie für kaufenswert halten oder nicht, steht in keinem messbaren Zusammenhang mit der Kursentwicklung im nächsten Quartal oder im nächsten Jahr. Es mögen viele Verkaufsempfehlungen vorliegen und die Aktie steigt trotzdem. Oder umgekehrt. Innerhalb des kurzen, aber für die Fondsmanager entscheidenden Zeitraums haben Analystenmeinung und Kursentwicklung nichts miteinander zu tun. Dabei sollte es eigentlich klar sein, dass Research-Analysen sinnvoll nur über die längerfristigen Aussichten eines Unternehmens handeln können. Kurzfristig hängt die Entwicklung einer Aktie im Wesentlichen von Zufällen und der allgemeinen Marktbewegung ab. Daher ist die Arbeit der Analysten zwar sinnvoll und wertvoll, indem sie den Fondsmanagern einen Stoff geben, an dem sie sich abarbeiten und so ihre Intuition schärfen können, sie findet aber keine Anerkennung in einer Branche, die ganz der Gegenwart gehört und nicht bis zum Ende eines Zyklus denken kann.

Der unmittelbare praktische Nutzen der Analysten besteht in ihrer Sündenbockfunktion für die Fondsmanager. Bei diesen laufen in der Regel, wie der Zufall es will, etwa die Hälfte der Positionen schlecht. Dafür suchen sie einen Schuldigen. Dem Sündenbock wurden bei den Israeliten zu Jom Kippur vom Hohepriester durch Handauflegen die Sünden des Volkes Israel aufgeladen. Anschließend wurde er in die Wüste geschickt und das Volk Israel konnte sich befreit fühlen (Levitikus 16, 1–28). In derselben merkwürdigen Situation finden sich die Analysten. Erst hört ihnen niemand zu, und am Ende sind sie es trotzdem gewesen.

Der Fondsmanager bezahlt nicht direkt für die Analysen, sondern indirekt, über den Handel. Er oder sein Händler platziert seine Wertpapierorders über einen Broker, dessen Bank die Analysen produziert. Die Gebühren für die Transaktion sind deutlich höher, als sie es für einen bloßen Handel sein müssten. Ein Börsenhandel kann von einer Vielzahl von Adressen in derselben Qualität ausgeführt werden und muss nicht mehr als ein paar Dollar kosten. Der Fondsmanager weiß das und gewährt dem Broker wissentlich den Vorteil, um selbst eine Vorzugsbehandlung zu bekommen. Ihm tut diese Form der Bezahlung der Analyse über den Broker nicht weh, denn die Transaktionskosten trägt der Fonds und nicht der Manager. Es ist ein Geschäft zu Lasten Dritter. Der Broker kann daher guten Gewissens etwas mehr verlangen, es trifft ja niemanden, den er kennt. Für manche Börsenorders sind schon über 500.000 Dollar an Kommissionen gezahlt worden, in einzelnen Fällen sogar über eine Million. Für das Jahr 2007 dürften allein in den USA vorsichtig geschätzte elf Milliarden Dollar an Kommissionen gezahlt worden sein. Ein warmer Regen für die Mauswiesel!

Man sollte aber nicht meinen, das sei leicht verdientes Geld. Eine Analyse zu verkaufen ist schon deshalb schwer, weil sie niemand lesen will und weil sie keinen nachweisbaren Nutzen hat. Hinzu kommt, dass die Analysen der verschiedenen Brokerhäuser sich sehr stark ähneln. Analysten schreiben im Bewusstsein ihrer Überforderung willig auf, was ihnen der Finanzvorstand der analysierten Firma diktiert. Oder (wenn sie die Analystenkonferenz, auf der diktiert wurde, verpasst haben) sie schreiben der Einfachheit halber beim nächsten Wiesel ab.

Für die Fondsmanager läge es angesichts gleichlautender Analysen nahe, über die Bank mit den geringsten Transaktionskosten zu handeln.

Dies zu verhindern ist die eigentliche Aufgabe der Broker. Sie sollen die Fondsmanager davon überzeugen, der Bank des Brokers durch ihre Wertpapierorders einen möglichst großen Anteil an dem riesigen Kommissions-Kuchen zu verschaffen, unabhängig von der Qualität des Researchs und den Kosten des Handels.

So kommt es, dass die Broker ihre Fondsmanager täglich anrufen, damit man sie im entscheidenden Augenblick nicht vergisst. Offiziell stehen sie dem Fondsmanager beratend zur Seite. Sie diskutieren das Research und die allgemeine Marktentwicklung und sind ideen- und hilfreich in allen Belangen. Tatsächlich interessieren sich die Wenigsten wirklich für das Gerede über den Markt und das Research der Analysten. Weder Broker noch Fondsmanager lesen in nennenswertem Umfang, auch keine Analysen. Es zu tun, hieße einen intellektuellen Aufwand zu treiben, den das Ergebnis nicht rechtfertigt. Broker haben in der Regel auch weder die Ausbildung noch die Erfahrung, um ernsthafte Gespräche über Unternehmen zu führen. Die Fondsmanager telefonieren aus einem anderen Grund mit den Brokern. Entscheidend ist, dass die Broker unglaublich nette Menschen sind, mit denen man einfach gerne telefoniert. Sie sind lustig, sie transportieren den neuesten Tratsch und sie verfügen über gewaltige Spesenkonten. Sie sind fröhliche, aber einfache Gesellen mit erstaunlich hohen Gehältern. Damit sind sie für das soziale Gefüge sehr wertvoll.

Da die Analysen in der Praxis keine große Rolle spielen, lassen sich die Fondsmanager und ihre Händler gerne auch durch andere Argumente dafür gewinnen, ihre Transaktionen über ein bestimmtes Handelshaus abzuwickeln. Das Research wird immer als der offizielle Grund genannt (das verlangt die Börsenaufsicht), in der Realität greifen Broker aber zu ganz anderen Mitteln, um an das Handelsvolumen zu kommen.

Broker verkaufen nichts von nennenswertem Wert und machen dennoch Umsätze in Millionenhöhe. Sie sind kleine Wiesel mit winzigen

Zähnen und machen dennoch erstaunliche Beute. Das funktioniert nur, wenn die Geschäfte unter guten Freunden stattfinden und ein Dritter die Zeche zahlt. Broker sind daher sehr bemüht, die besten Freunde der Fondsmanager zu sein. Sie laden sie zu allerlei mehr oder weniger appetitlichen Veranstaltungen ein und beschenken sie mit dicken Füllern, dicken Kaviardosen, dicken Urlaubsreisen und allem, was sonst nötig ist, um eine dicke Freundschaft zu erhalten. Wiesel spielen gerne, und wenn Fondsmanager und Broker aufeinander treffen, gibt es kein Halten mehr.*

Hier kommen wir in eine Grauzone, in der sich die Wiesel unbeobachtet fühlen und ganz bei sich sind. Broker kennen die privaten Vorlieben ihrer Geschäftspartner. Beispielsweise wissen sie, ob Fondsmanager in ihrer Freizeit gerne an Wettbewerben im Zwergewerfen teilnehmen. So war es beim Junggesellenabschied von Thomas Bruderman, einem Händler für mehrere Aktienfonds bei Fidelity Investments. Diese Veranstaltung in Miami ließ sich im Jahr 2003 ein Broker 60.000 Dollar kosten und sie findet sich nirgendwo schöner beschrieben als in den Prozessakten der Börsenaufsicht SEC: Danach gab es reichlich Ecstasy-Tabletten

---

* Wie wenig die Wiesel selbst von ihrer Tätigkeit halten, wird in dem folgenden Spottgedicht deutlich illustriert, worin es um die Tätigkeit der Broker (hier die Unterart der Institutional Sales Trader) geht:

> Here's to you Mr. Institutional Sales Trader. Because you spend all day lying to people with MBA's from Ivy League schools, even though you failed Econ 101 at the Community College. And if the stock goes up or down, you don't care—as long as you get your nickel. Five cents a share! So crack open an ice cold Bud Light you overpaid sack of sh*t, because without you there would be a lot of buy side guys sitting in bad seats at the concert.

Das Gedicht findet sich in den Prozessakten gegen Thomas Bruderman, von dem gleich noch die Rede sein wird. http://www.sec.gov/litigation/admin/2008/ia-2713.pdf, S. 21.

für alle Teilnehmer, Besuche in Strip-Clubs, »Adult Entertainment« von zwei eigens dafür ausgebildeten Frauen sowie den erwähnten Wettbewerb im Zwergewerfen, wie er bei kaum einer guten Party in jenen Jahren fehlen durfte. Der angehende Schwiegervater von Bruderman war übrigens Dennis Kozlowski, damals Vorstandsvorsitzender von Tyco, der später berühmt wurde, weil er 81 Millionen Dollar aus der Firmenkasse entwendet hatte und dafür zu 25 Jahren Gefängnis verurteilt wurde. Man wird Verständnis füreinander haben in der Familie.

Schön sind auch die E-Mails zwischen einem Broker und Bruderman aus demselben Jahr, in denen der Händler sich beschwert, dass ein anderer Broker nicht in der Lage war, ihm Eintrittskarten für ein »Bare Naked Ladies«-Konzert zu verschaffen: »Sagt er hat keine Karten übrig. Hat sie alle an ... und seine Hedgefonds-Kumpels gegeben. Ich glaube ich werde beantragen, dass wir kein Geschäft mehr mit ihm machen.«* Das Unterhaltungsprogramm für Bruderman zwischen 2002 und 2004 hat insgesamt 450.000 Dollar gekostet. Nicht viel, wenn man bedenkt, dass Fidelity in dieser Zeit Kommissionsgeschäfte in Höhe von 2,3 Milliarden Dollar zu vergeben hatte.

Natürlich ist das alles nicht erlaubt. Es ist Veruntreuung. Daher wird der Mantel des Schweigens über die Weise gebreitet, wie die Geschäfte angebahnt werden. In derselben Akte der SEC findet sich eine E-Mail eines Brokers auf eine diesbezügliche Nachfrage eines Fidelity-Händlers: »... no one is allowed 2 say anything ... Last yr never got out ... If someone talks, we kill.«** Wiesel sind zu klein, um wählerisch zu sein in der Wahl ihrer Mittel.

Viele Fondsmanager mögen ihre Broker für unverzichtbar in der Freizeitgestaltung halten. Aber dennoch funktioniert das Geschäftsmodell immer weniger gut. Die Aufsicht wird immer strenger und die

* http://www.sec.gov/litigation/admin/2008/ia-2713.pdf, S. 21f.

** http://www.nytimes.com/2008/03/06/business/06fidelity.html

Fondsgesellschaften wollen ihre Angestellten immer öfter zum Arbeiten anhalten. Das ist in gewisser Hinsicht unsozial. Vielfach ist sogar der Besuch von entertainmentlastigen Broker-Veranstaltungen verboten worden, sodass die Zwerge heute nur noch im ganz kleinen Kreis fliegen, unbemerkt von den Vorgesetzten.

Brokerage wird in zehn oder fünfzehn Jahren vielleicht ein Nischenprodukt sein. Es wird sie noch geben für Papiere aus schwierigen Ländern mit wenig entwickelten und illiquiden Märkten, wo es tatsächlich schwer ist, an Informationen oder Wertpapiere heranzukommen. In Amerika und Europa dürfte der Spaß allerdings bald vorbei sein.

Die Nahrungs- und Freundschaftskette, in der das Research der Analysten vom Broker an den Fondsmanager gegeben wird, der im Gegenzug über die Bank handelt, von der Broker und Analyst bezahlt werden, soll die intelligentesten Köpfe (Analysten) über die Leute mit dem besten Gefühl für den Markt (Broker) mit den entscheidungs- und tatkräftigsten Charakteren koppeln. Tatsächlich schreiben die Analysten meistens nur ab, haben die Broker ganz andere Interessen als den Markt, und die Fondsmanager können sich nur selten dazu bringen, etwas anderes zu kaufen als die Papiere, die alle anderen auch haben. Ihr eigenes Geld investieren die Banken und Hedgefonds daher lieber nicht in Publikumsfonds, sondern lassen es von ihren Eigenhändlern investieren, welche die Rolle von Analyst, Broker und Fondsmanager in einer Person vereinen. Was bei den Händlern fehlt, ist die Spaßkomponente, die bei den anderen, weniger raubeinigen Wieseln eine so große Rolle spielt. Wenn von Händlern die Rede ist, sind in der Regel nicht Leute wie Bruderman gemeint, die letztlich nur die Order der Fondsmanager ausführen, sondern jene Spezies, deren Leben und Denken Michael Lewis in *Liar's Poker* beschrieben hat, dem wahrscheinlich meistgelesenen Buch an der Wall Street. Händler haben einen Topf mit Geld und ein gewisses Verlustbudget zur Verfügung, das sie ausschöpfen können, bevor sie trockengelegt werden. Wer dieses Budget zu oft aufbraucht, dessen Spiel ist bald vorbei, denn die Geldgeber sind ungeduldig und schauen bei Verlusten nicht lange zu.

Händler agieren in denselben Märkten wie Fondsmanager und unterscheiden sich in der Praxis nur durch das Ziel der Anlage und die Haltedauer der Wertpapiere. Fondsmanager legen nicht das Geld ihrer Vorgesetzten an, sondern das von fremden Dritten. Da ist die Verlusttoleranz deutlich höher. Während der Fondsmanager an der Wertentwicklung eines Index gemessen wird (z. B. War der Fonds besser als der Dow Jones Index?) und am glücklichsten ist, wenn er auf dem Index sitzt, hat der Händler die Vorgabe, in steigenden wie in fallenden Märkten Gewinn zu machen. Bei ihm kommt es darauf an, dass am Abend mehr Geld da ist als am Morgen. Die Leistung eines Händlers ist sehr leicht jeden Tag nach Börsenschluss feststellbar, es gibt wohl nur wenige so transparente Jobs. So stehen Händler durchgängig unter sehr hohem Druck, denn es geht um viel Geld und Fehler können extrem teuer werden. Eine Null zu viel bei der Eingabe in das System kann den Job kosten. Ebenso eine falsche Position in einem Papier, für das plötzlich die Liquidität verschwindet und das man nicht mehr verkaufen kann. Entsprechend eng ist die Taktung der Händler mit den Märkten. In liquiden Märkten wie den Währungs- oder Aktienmärkten, wo der Handel kontinuierlich abläuft, werden die Positionen oft nur einige Minuten gehalten. Gerüchteweise schließen einige Händler ihre Position, wenn sie aufs Klo gehen. Und sowieso gilt: *Lunch is for whimps.* Andererseits sind Händler unmittelbar am Gewinn beteiligt, wenn ihre Wetten aufgehen (auch das ist ein Unterschied zu Fondsmanagern). Das kann sehr lukrativ sein und einzelne Händler verdienen deutlich mehr als die Vorstände der Bank.

Händler leben zu einem guten Teil davon, Menschen zu finden, die die dumme Seite einer schlauen Wette eingehen. Ein hübsches Beispiel ist das Abacus-Programm, das sich zu Anfang des Jahres 2007 die Händler von Goldman Sachs ausgedacht haben. Dabei haben sie mit Hilfe eines Hedgefonds ein Paket schlechter Immobilienkredite geschnürt, das äußerlich eine anständige Verzinsung bot. Mit diesem Köder konnten sie eine dumme Versicherung (AIG) und eine dumme deutsche Bank (IKB) davon überzeugen, das Paket zu kaufen, auf dessen Absturz sie gleichzeitig wetteten. *Honi soit qui mal y pense!* Die AIG und die IKB gehörten 18 Monate später dem Staat. *Caveat Emptor* sagen die Römer dazu.

Während Fondsmanager nie wissen, mit wem sie handeln, kennen Händler den Markt gut genug, um ungefähr sagen zu können, wer welche Positionen hat. Insbesondere die »client facing groups« wissen sehr genau, was sie wem verkaufen. Ihr Geschäft ist oft nicht anonym. Fondsmanager können sich bei keinem Geschäft sicher sein, ob nicht vielleicht die Gegenseite die besseren Informationen hat und sie selbst der Idiot sind. Händler haben diesen moralischen Luxus nicht, sie wissen meistens, wer das kürzere Ende zieht, und stellen sicher, dass es nicht sie selbst trifft.

Händler sind meist keine sehr raffinierten Leute, ihre wichtigsten Tugenden sind stählerne Nerven und die Fähigkeit, in Windeseile die Meinung zu ändern. Theoretische Überlegungen zu Bewertungen und Cash-Flows einzelner Papiere interessieren bei dem kurzen Zeithorizont der Händler nicht. Die Frage ist nur, ob eine Position sich innerhalb maximal eines Monats (besser noch: innerhalb eines Tages) mit Gewinn wieder auflösen lässt. Analysen sind etwas für Leute mit viel Zeit und wenig Mut zum Risiko.

Entsprechend häufig haben Händler das Bedürfnis, die Spannung abzubauen. Das findet immer nach demselben, für einfache Gemüter gestrickten Muster statt. Die Männlichkeitsrituale, zu denen sich die Händler dann und wann hinreißen lassen, erschrecken, wenn sie in die Presse kommen, immer wieder das ehrlich arbeitende Bürgertum. Dabei geht es den Händlern eigentlich um nichts außer Geld, und auch damit wollen sie nur spielen.

Händler und Hedgefondsmanager sind aus demselben Holz geschnitzt. Sie sind die großen Raubtiere in der Wieselkolonie, die Hermeline, die am wenigsten beim Beutemachen überfordert sind. Das Beuteschema und die Techniken sind ähnlich, und oft machen sich erfolgreiche Händler mit ihrem Team selbständig und gründen einen Hedgefonds. Diese unterscheiden sich von Publikumsfonds dadurch, dass sie kaum reguliert sind. Publikumsfonds haben strenge Regeln von der Namensgebung über die Verwahrung des Fondsvermögens bis hin zu den erlaubten Investitionen. Ein Hedgefonds ist wie ein guter Freund, dem man sein Geld anvertraut in dem Bewusstsein, dass er damit gut umgehen wird. Eine staatliche Kontrolle ist hier nur hinderlich. Fondsmanager wie George Soros leben von ihrer Weltsicht (sie verfolgen eine »Makro«-Strategie), die sie in ihrem Portfolio abzubilden wissen. Sie verlassen sich stark auf ihre Intuition, was Soros im Rückblick offen bekennt: »Ich litt unter Rückenschmerzen. Ich nutzte das Entstehen akuten Schmerzes als ein Signal, dass in meinem Wertpapierportfolio etwas nicht stimmte«. Staatliche Aufsichtsbehörden können mit Rückenschmerzen als Handelssignal ebenso wenig anfangen wie große institutionelle Investoren (wie etwa Versicherungen).

Diese Fonds sind mit dem Anspruch entstanden, unabhängig von den Börsenphasen Gewinne zu machen. Sie sichern ihre Risiken ab (»hedgen«) und vermeiden so größere Verluste. Diesem Anspruch wird heute nur noch ein Bruchteil der Hedgefonds gerecht, den attraktiven Namen schreiben sie sich aber dennoch zu.

Hedgefonds sind oft mit sehr kleinen, aber sicheren Gewinnen zufrieden. Sie nutzen dabei Ineffizienzen im Markt aus. Wenn beispielsweise die Aktie der EADS in Paris teurer gehandelt wird als in Frankfurt, so kann man sie gleichzeitig in Paris verkaufen und in Frankfurt kaufen und den sicheren Gewinn kassieren. Solche Differenzen werden aber schnell ausgenutzt und bestehen meist nur selten und kurz. Es gibt aber auch Ineffizienzen, die immer wieder auftreten und für die es sogar Erklärungen gibt: Beispielsweise lässt sich beobachten, dass Staatsanleihen mit einer 29-Jährigen Laufzeit häufig ein gutes Stück billiger sind als die 30-Jährigen. Das liegt daran, dass die Portfoliomanager der Versicherungen (die die Hauptabnehmer dieser Anleihen sind) gerne die 30-Jährigen bei der Emission kaufen und dass die Nachfrage eher gering ist, wenn eine solche Anleihe aus irgendwelchen Gründen schon nach einem Jahr verkauft werden soll. Also verkauft der Hedgefonds die teuren 30-Jährigen und kauft dagegen die billigen 29-jährigen und lebt von der Differenz.

Hedgefondsmanager sind heute in der Regel Techniker nach dem Vorbild von Jim Simons, der ein hervorragender Mathematiker ist und bei seinem Hedgefonds *Medaillon* auf eine stolze Wertentwicklung zurückblicken kann. Seine Management-Firma, *Renaissance Technologies*, beschäftigte zur Jahrtausendwende 140 Mitarbeiter, davon konnte ein Drittel eine Promotion in einer echten, also »harten« Wissenschaft vorweisen. Keine sozialwissenschaftlichen Schwätzer. Bei *Renaissance* werden technische Handelsmodelle verfolgt, über deren genaues Verfahren aber wenig bekannt ist. Genau genommen kennt man auch die Wertentwicklung der Fonds nur vom Hörensagen, denn es handelt sich nicht um Publikumsfonds, die ihre Daten regelmäßig veröffentlichen müssen. Aber 35 % p.a. waren wohl drin zwischen 1988 und der Jahrtausendwende.

Einen kurzen Blick konnte man aber im Jahr 2006 hinter die Kulissen des fabelhaften *Medaillon*-Fonds tun, als *Renaissance Technologies* zusammen mit der Société Générale einen Publikumsfonds auflegte, der die Handelsstrategien von *Medaillon* der breiten Masse der Europäer zugänglich machen sollte. Auf der Roadshow, auf der die Vertreter des Fonds und der Bank die Anleger über ihr kommendes Glück aufklärten, schien das wesentliche Problem die Unsicherheit zu sein, wie groß ein Fonds mit der vorgestellten Strategie werden könne. Harte Wissenschaftler hatten ausgerechnet, dass das Modell, selbst wenn es auf

Aktien der 500 größten amerikanischen Unternehmen (den S&P 500 Index) beschränkt bleibt, bei einer Fondsgröße von 100 Milliarden Dollar noch gut funktioniert.

Hybris ist ein Problem, das sogar harte Wissenschaftler haben können, auch wenn sie vielleicht den Begriff nicht kennen. Auf die Hybris folgt aber jedenfalls die Nemesis. Der Renaissance-Publikumsfonds hat in den zwei Jahren seiner Existenz (er wurde im April 2009 liquidiert) 14 % p. a. verloren. Damit war er sogar 1,5 % p. a. schlechter als sein Index, der S&P 500, und konnte also nicht einmal seine überhöhten Gebühren verdienen. Manchmal scheinen sich Hedgefonds von traditionellen Publikumsfonds nur durch die Höhe der Gehälter der Manager zu unterscheiden. Die meisten Hedgefondsmanager sind von Legenden wie George Soros als Investoren so weit entfernt, wie sie von Odysseus als Mensch entfernt sind. Ein Wiesel bleibt ein Wiesel, auch wenn es als Hermelin daherkommt.

Das theoretische Fundament, auf dem die Finanzmärkte ruhen, ist eine Abstraktion, die meistens gut funktioniert, aber nicht weiterhilft, wenn die Realität, die sie abbildet, sich verschoben hat. Manchmal werden die Details, von denen abstrahiert wird, zum Wesentlichen. Eine Theorie, die davon ausgeht, dass die Menschen ihre wirtschaftlichen Interessen rational verfolgen, ist meistens brauchbar, weil die Menschen sich meistens so verhalten. Eine Theorie, die davon ausgeht, dass das Bankensystem reibungslos funktioniert, ist ebenfalls meistens auf der richtigen Spur. Nur eben manchmal auch nicht.

Die Theorie bildet einen Idealzustand ab, so wie Odysseus bei Homer ein Ideal darstellt. Er ist listen-, aber nicht sehr tugendreich, er nimmt sein Schicksal selbst in die Hand und bleibt dabei geduldig, er trotzt den Göttern, er ist skrupellos und hat dennoch seine weichen Momente, er ist ein einsamer Wolf und hat dennoch ein so gewinnendes Wesen, dass er auch bei Nymphen und Göttinnen erhebliche Erfolge verzeichnen kann. So ein Mann hat nie gelebt. Das wissen die Hörer der Odyssee schon nach dem ersten Gesang.

Kennt man die Theorie der Finanzmärkte, das Ideal des Finanzkapitalisten und die Strukturen der Arbeitswelt, in denen die Menschen sich bewegen, so weiß man immer noch nicht, wie tatsächlich Entscheidungen zustande kommen. Reale Menschen, die aus krummem Holz gemacht sind und in nicht weniger krummen Arbeitsverhältnissen herumwieseln, leben und handeln selten wie Helden oder nach Theorien. Was sie tatsächlich umtreibt, hat Thukydides (ca. 460–399 v. Chr.) auf den Punkt gebracht, indem er Furcht, Ehrgeiz und Nutzen als die stärksten Beweggründe des Menschen nennt. Der Mensch ändert sich nicht und Thukydides' Beobachtung ist immer noch richtig. In der Welt wirkt nicht nur die Vernunft oder die Struktur der Arbeitswelt, sondern es sind immer auch jene einfachen, aber durchschlagenden Motive am Werk. Niemand außerhalb der Wirtschaftswissenschaft wäre je auf die Idee gekommen, Verstand und besonnene Überlegung als Grundvoraussetzung menschlichen Handelns zu bezeichnen. Es ist eine alte Einsicht in der Philosophie, dass der Verstand allenfalls das Ziel einer Handlung formulieren kann, uns aber alleine nicht dazu bringt, die Handlung auch zu beginnen. Es ist zweierlei, ein Ziel zu haben und sich darauf zuzubewegen.

An der Börse wirkt – in einem undurchsichtigen Gewebe von Institutionen und Seilschaften – neben dem klaren theoretischen Geist der wirtschaftlichen Vernunft jenes Gemenge von Motiven, die eher der Seele als dem Geist des Menschen zuzuordnen sind. Furcht, Ehrgeiz und Nutzen treiben die Wiesel auf immer wieder andere Weise um. Mal dominiert das eine Motiv, mal das andere. Und da auch die Personen und Techniken sich wieder und wieder ändern, hat das Drama, obwohl das gegebene Stück stets dasselbe bleibt, doch immer einen unvorhersagbaren Ausgang. Das macht die Börse zu einem schwierigen Ort für alle, die dort handeln, und zu einem undurchdringlichen Ort für alle, die sie aus der Ferne beobachten.

Um das Geschehen dort zu erfassen, müsste man die Seele des Menschen ergründen, aber das ist ein aussichtsloses Unterfangen. Furcht, Ehrgeiz und Nutzen sind nicht mehr als ein grobes Raster, das eher am Anfang als am Ende einer Beschreibung des Börsengeschehens steht. Sie sind wie die Schneisen im Wald, über die sich ein Forst bewirtschaften lässt, ohne selbst der Wald zu sein. Von den Schneisen aus hat man jedenfalls einen besseren Blick für den Wald und seine Wiesel als aus einem Dickicht. Die drei Schneisen, Furcht, Ehrgeiz und Nutzen, legen frei, warum die Menschen in ihren eben beschriebenen Jobs so handeln, wie sie es tatsächlich tun.

4. FURCHT UND RISIKO

*Obstipui steteruntque comae et vox faucibus haesit.**

Das Wortfeld *Furcht* ist weit, wie es nicht anders zu erwarten ist, wenn Furcht ein Hauptmotiv menschlichen Handelns ist. Entsprechend schwer tut man sich in der deutschen Sprache bei der Übersetzung aus dem Griechischen. Bei Homer ist das bei ihm gebräuchliche φέβομαι eher als »Gescheuchtwerden« zu übersetzen und hat deutlich dämonische Züge. Der Gescheuchte weiß zwar genau, in welche Richtung es geht, aber weder Ziel noch Anlass entspringen einer Überlegung. Den bei Aristoteles in der *Poetik* gebrauchten Terminus φόβος übersetzen wir seit Lessing mit Furcht, nachdem er zuvor meist mit Schrecken übersetzt worden war. Der Schrecken passte aber nicht gut zum humanitär-philanthropischen Trauerspiel, auf das Lessing hinauswollte. In der *Rhetorik* gibt Aristoteles dem Wort allerdings eine andere Färbung, die sich deutlich von dem unterscheidet, was wir üblicherweise unter *Furcht* verstehen: Dort wird φόβος ausgelöst von einem nahen und großen bevorstehenden Ungemach, an das wir nur mit einem Gefühl des Schauders denken können. Die Furcht geht mit elementar aufrührender Verwirrung (ταραχή) einher, die denjenigen befällt, der das Heft des Handelns aus der Hand gegeben hat (also ein im homerischen Sinn Gescheuchter ist) und Opfer einer undurchschaubaren Gewalt zu werden droht.

In Finanzkreisen gilt oft die Gier als das Gegenstück zur Furcht. Die Märkte pendeln angeblich stets zwischen diesen beiden Polen. Aber

* Ich erstarrte, mein Haar sträubte sich, und die Stimme erstarb mir im Halse. (Vergil, *Aeneis*, II, 774)

diese Auffassung ist falsch, denn Gier ist nicht das Gegenstück zur Furcht. Beide Gefühle können friedlich miteinander koexistieren. Der Gierige kann furchtsam sein, ohne seine Gier abzulegen. Und umgekehrt muss, wer frei von Furcht ist, darum nicht gierig sein.

Bei den meisten Menschen ist Furcht ein sehr tief sitzendes, Gier aber ein oberflächliches Gefühl. Furcht vergeht lange nicht so schnell wie Gier. Sie ist ein sehr viel edleres Gefühl und im Gegensatz zur Gier kann man sich auch als Held zu ihr bekennen. Odysseus ist gelegentlich furchtsam, aber niemals gierig. Seine Gefährten hingegen sind, wenn sie sich nicht im Zustand der Langeweile befinden, allzu häufig gierig und die Gier ist es auch, die sie zum Frevel an den Rindern des Sonnengottes und damit ins Verderben treibt.

Gier ist immer peinlich, für Furcht lässt sich bei etwas genauerem Nachdenken fast immer eine gute Rechtfertigung finden. An der Börse heißt es zwar, Furcht sei ein schlechter Ratgeber, aber das stimmt nur, wenn sie zu spät kommt. *If you panic, panic before everybody else does.* Furcht kann ein lebensrettender Instinkt sein.

Der wirkliche Zusammenhang von Furcht und Gier an der Börse ist ein anderer. Die meisten Händler und Fondsmanager sind grundsätzlich gierig, und es gibt für sie kaum etwas Befriedigenderes, als jemanden bei einem Handel über den Tisch zu ziehen. An der Börse gibt es keinen Wucherparagraphen, oder was in den USA *lemon-law* heißt. Anders als bei der Vergabe von Krediten ist es erlaubt und genießt sogar höchste soziale Anerkennung, wenn man die Notlage oder die Unwissenheit eines anderen ausnutzt. Klassisch hat das Nathan Rothschild in London vorgemacht, als er noch vor der englischen Regierung die Nachricht vom Sieg bei Waterloo erhielt. Er begann daraufhin Wertpapiere zu verkaufen und ließ es alle wissen. Daraufhin verkaufte jeder, der nur konnte, denn man wusste, dass Rothschild gut informiert war. Die Kurse brachen zusammen und Rothschild konnte seine Papiere und noch viel mehr aus der Portokasse zurückkaufen.

Aber auch die breite Masse kann erbarmungslos sein. Als der russische Oligarch Oleg Deripaska am Ende des Jahres 2008 in Schwierigkeiten geriet und die Banken ihre Kredite einforderten, konnte er ihre Forderungen nicht bedienen und musste die Aktienpakete abgeben, die als Sicherheit dienten. Nun wusste jeder im Markt um die Schwierigkeiten von Deripaska und den schlechten Zustand der Banken nach der monumentalen Pleite von Lehman Brothers. Jeder ahnte, dass ein Zwangsverkauf bevorstand. Die Aktien der Unternehmen, die mit Deripaska in Zusammenhang standen, brachen noch einmal stärker ein als der sowieso schon am Boden liegende Aktienmarkt, in der Erwartung, dass sie noch billiger wurden, wenn die Banken mit ihrem Paket kamen. Diese verkauften auch tatsächlich um jeden Preis. Der Markt schwelgte darin, sich die saftigen Stücke aus Deripaskas Beteiligungen herauszuschneiden, und niemand wäre auf die Idee gekommen, ihm einen wie auch immer errechneten »fairen« Wert anzubieten.

Fondsmanager und Händler werden dafür bezahlt, Wertpapiere möglichst billig zu erwerben und möglichst teuer zu verkaufen. Wenn beim Ausnutzen einer Notlage ein russischer Oligarch, eine deutsche Landesbank oder sonst einer der üblichen Verdächtigen hochgeht, so würde man das, wenn es im Rahmen einer Kreditvergabe an Privatpersonen geschähe, Halsabschneiderei nennen. An den Börsen ist es aber völlig in Ordnung, hier ist Wucher weder schlecht angesehen noch justiziabel. Wer hier den Charakter und den Appetit eines Piranhas hat, wird respektiert, vielleicht sogar bewundert. Vor dieser Gnadenlosigkeit der Märkte haben alle Marktteilnehmer Angst. Der Gedanke, der Gier der Meute ausgeliefert zu sein, seinen Job und sein Vermögen zu verlieren, beflügelt die Phantasie bis zur Paranoia. Das ist die Weise, wie sich Furcht und Gier an der Börse treffen.

Beim heiligen Thomas von Aquin steht, dass nicht Gier, sondern *Vertrauen* das Gegenstück zur Furcht ist. Wer vertraut, ist der Überzeugung, dass es gut ausgeht, auch wenn es zwischenzeitlich nicht danach aussieht. Wer Vertrauen hat, hat keine Furcht und umgekehrt. Das *Fürchte dich nicht!* ist ein Aufruf zum Gottvertrauen. Wer gierig ist, legt jede Skepsis ab und hat nur noch das Objekt der Begierde im Kopf. Wer Vertrauen hat, kann über die Möglichkeit des Verlusts nachdenken, ohne sich davor fürchten zu müssen. Damit kommt der Begriff des Vertrauens der Realität an den Börsen sehr viel näher, wo ein ständiges und nach Möglichkeit rationales Abwägen von Chancen und Risiken stattfindet. Denn das Gehirn wird zwar immer wieder gerne abgeschaltet und gierig ist das Wiesel, wenn es die Beute unmittelbar vor der Nase hat. Aber es geschieht eigentlich nur in den letzten Zügen einer Hausse, dass Vertrauen in allgemeine Gier umschlägt und einen ganzen Markt erfasst.

Es ist viel darüber geschrieben worden, wie wichtig Vertrauen für das Funktionieren der Wirtschaft ist. Was aber keine Theorie beschreiben kann, ist die Realität in den Handelssälen der Banken und Fondsgesellschaften, wo Furcht und Vertrauen tatsächlich wirken. Dort sitzen meistens junge Männer vom Schlage eines Bierkutschers, die sich allzu häufig verhalten, als würden sie mit Stierhoden ernährt. Alte Männer werden dort trotz ihrer Erfahrung eher als nutzlos angesehen, wenn sie nicht die Ausbildung und die Flexibilität mitbringen, die ein sich ständig im Umbruch befindliches Arbeitsumfeld verlangt. Die Finanzmärkte befinden sich aber in einem Zustand permanenter Revolution, denn durch Innovation kann am schnellsten Geld verdient werden. Es spricht die Ausbildung zwar für die Jungen, aber man darf deshalb keinen Tiefsinn an den Handelsmaschinen erwarten. Intellektuelle wie Keynes oder Soros sind eher die Ausnahme, denn Männer mit zu viel Verstand sind meist zu wenig zu gebrauchen. Wer von des Gedankens Blässe angekränkelt ist, kann weder schnell noch sicher entscheiden.

Die Stellenbeschreibungen, mit denen die Headhunter sich auf den Weg machen, geeignete Kandidaten als Händler oder Fondsmanager zu finden, lesen sich eigentlich ganz harmlos. Als Qualifikation wird Erfahrung gefordert, hohe analytische Kompetenz, Teamfähigkeit, Flexibilität und Motivation sowie Könnerschaft im Umgang mit Reuters, Bloomberg und Excel. Das alles ist aber nur für die Galerie gesprochen. Was einen erfolgreichen Anleger/Händler/Spekulanten qualifiziert, sind Ehrgeiz, Opportunismus, Freude an der Halsabschneiderei und ein fast paranoides Misstrauen. Dabei geht es im Wesentlichen darum, möglichst viel Geld in möglichst kurzer Zeit zu verdienen. Die offizielle Motivation hingegen, die man der Stellenanzeige entnehmen kann, ist das Gruppenerlebnis, in einem Top-Team von schlauen (smarten), arbeitsamen, hochmotivierten und fröhlichen Kollegen zu arbeiten. Darauf beharrt die Geschäftsführung, denn wenn sie zugeben würde, dass die oft bis ins Lächerliche überhöhten Gehälter und Boni die eigentliche Motivation sind, würden die Gehaltsforderungen noch extremer ausfallen.

In den großen Handelssälen, wo zwischen Furcht und Vertrauen mit einem gelegentlichen Blick auf die sich ewig im Fluss befindlichen Zahlenreihen die Investmenttrends entstehen, geht es aufgrund des Charakters der Akteure eher zu wie auf einem Schulhof als wie in einem Seminar. Stimmungen und Meinungen können sich sehr schnell ändern. Das Management versucht tapfer, die Prozesse hinter den Anlageentscheidungen und deren Ergebnisse zu kontrollieren, aber in diesem Geschäft lässt sich niemand gern in die Karten schauen. Täglich gibt es Besprechungen, ein *Morningmeeting*, wie die Märkte vernünftigerweise einzuschätzen sind. Wenn sie gut organisiert sind, gleichen sie einem Kampfplatz der Meinungen. Bei einer Investmentfondsgesellschaft versuchen beispielsweise manche Teams die Meinungen pointierter zu machen, indem relativierende Floskeln wie *on the other hand* ... oder *having said that* ... mit Geldstrafen belegt werden. Der Vortrag eines Teammitglieds soll möglichst frei sein von Abwägungen und dann von einem Gegenspieler kritisiert und hinterfragt werden, bis seine Schwäche offenbar wird. Die guten Besprechungen institutionalisieren die Skepsis, aber auch sie enden meist, wie die schlechten, in einem Konsens, der in etwa die Meinung der *Financial Times* (in Europa) oder des *Wall Street Journal* (in den USA) spiegelt. An den Börsen geht es um viel Geld und jede Bewegung wird von den Kollegen, die im Wesentlichen Konkurrenten sind, genau registriert. Weicht jemand vom Konsens ab, so gilt er als merkwürdig. Führt diese Abweichung zu einem Gewinn, so ist das in Ordnung. Führt sie zu einem Verlust, so hat sie meist die Kündigung des Mandats zur Folge, denn wer gibt sein Geld schon gern einem merkwürdigen Verlierer? *Worldly wisdom teaches that it is better for the reputation to fail conventionally than to succeed unconventionally.* Keynes formuliert vornehm, und wer es drastischer mag, könnte auch sagen: *Im Land der Blinden ist der Einäugige der Idiot.* Denn selbst wenn man es besser weiß, gibt man sich durch die Abweichung vom Konsens doch nur der Lächerlichkeit preis. So bringen diese Konferenzen dem einzelnen Fondsmanager in der Regel wenig, und weil jeder ihre Inhaltsleere spürt, gibt die Einbindung in ein Team kaum Halt in Krisenzeiten. Am Ende ist jeder mit seinen Positionen allein.

Einsamkeit und Jugend machen anfällig für Vertrauensseligkeit und Furcht. Dass Vertrauen und Furcht eine Frage der Stimmung sind, hat man an der Börse vermutlich kurz nach ihrer Gründung herausgefunden. Da Vertrauen und Glückseligkeit einander bedingen, sieht man Fondsmanager oder Händler nie so strahlen wie in einem Bullenmarkt, wenn das Vertrauen in die Zukunft und die Mitmenschen zunimmt, wenn die homerische Skepsis schwindet und die Kurse steigen. Der Geräuschpegel in den Handelssälen nimmt dann merklich zu und die Arbeitsbelastung ab, denn nichts ist schöner, als die Positionen in einem Portfolio einfach laufen zu lassen. Die extrovertierteren Manager laufen dann durch den Saal, rufen laut »bullish« und verhalten sich auch so. Dies ist eine Zeit testosteroninspirierter Metaphern. Wer beispielsweise besonders *bullish* ist, sagt gerne von sich, er könne kaum laufen, weil die Eier so dick seien. Größe an sich spielt dann eine Rolle, denn in der Phantasie wächst das Vermögen (die Potenz) ins Grenzenlose. Auf die Größe kommt es an und nur auf die Größe. Sie ist der einzige Maßstab, an dem sich ein Fondsmanager messen lässt. Alles andere, etwa die Rede von Sicherheit und Klugheit, ist weibisches Geschwätz. *Your size is my size!* Allgemeines Schulterklopfen, so weit das Auge reicht.

Greift die Furcht um sich und dreht der Bullenmarkt in einen Bärenmarkt, schwindet bei den Händlern und Fondsmanagern nicht nur das Vertrauen in die Märkte, sondern auch in sich selbst. Die Akteure an der Börse sind zwar grundsätzlich misstrauisch (sonst würden sie in diesem Geschäft nicht lange überleben), Bärenmärkte können aber nur entstehen, wenn sie von allenfalls einer Minderheit erwartet werden. Über die meisten bricht es wie ein Schicksal herein. Die Stimmung in den Handelssälen ist dann etwa so wie auf dem Ruderdeck einer römischen Galeere, wo niemand weiß, wo es hingeht, und keiner aufzufallen hofft. Gelegentlich wird geflucht, aber die Flüche bleiben leise genug, um keine Nachfragen zu provozieren. Niemand will darüber reden, warum er nicht schon gestern, als die Kurse noch besser waren, verkauft hat. Die Broker, auf deren Ideen die meisten der Positionen basieren und bei deren Realisierung sie herrlich verdient haben, rufen nicht mehr an, denn die Fondsmanager haben nur noch Beschimpfungen für sie übrig. Jeder macht sich wieselklein und hofft, dass sich der Markt bald ausgekotzt hat. Wenn es dann zu Firmenzusammenbrüchen kommt und die Kurse im freien Fall sind, wird es wieder laut. Es beginnen die Panikverkäufe und es wird in die Telefonhörer gebrüllt, bevor sie an die Wand geknallt werden. In der letzten Phase des Bärenmarktes handeln die Sprüche von Gewalt und Krieg: Man soll keine fallenden Messer fangen, sondern warten, bis Blut auf der Straße fließt. Ein Bärenmarkt ist für Fondsmanager und Händler ein existenzbedrohendes Erlebnis, denn die meisten führen einen Lebensstil, den sie nur finanzieren können, solange sie ihre überbezahlten Jobs haben. Am Ende herrscht unverstellte Angst, ungläubiges Starren auf die Bildschirme, Orientierungslosigkeit, gut begründete Verzweiflung.

Wenn an den Kapitalmärkten die Furcht um sich greift, können die Gescheuchten sich nicht an das halten, was die kühle Überlegung gebieten würde, selbst wenn dieses sich gelegentlich im *Morningmeeting* durchsetzen würde. Sei es, dass ihnen das Geld ausgegangen ist (und nur die Schulden geblieben sind, wenn mit fremdem Geld spekuliert wurde), sei es, dass sie feststellen müssen, dass ihre früheren Überzeugungen keinen Grund mehr in der Realität haben und zu Gunsten neuer aufgegeben werden müssen. Dennoch würde kein Fondsmanager je zugeben, dass er Angst hat. Das wäre unprofessionell.

In der Schule von Markowitz ausgebildete Fondsmanager reden nicht von Furcht, sondern von Risikobewusstsein. Dadurch geben sie ihrem Handeln einen rationalen Anstrich. Furcht ist eine emotionale, Risikobewusstsein eine rationale Angelegenheit. Wer sich fürchtet, ist ausgeliefert. Wer Risiken managt, hat die Sache im Griff. Der Gescheuchte hingegen hat, im Unterschied zum Risikobewussten, das Heft des Handelns aus der Hand gegeben.

Risiken sind Gefahren, die sich in ein mathematisches Gewand kleiden und beherrschen lassen. Die moderne Portfoliotheorie setzt Risiko mit Volatilität gleich: Wenn ein Wertpapier stark schwankt, so ist es risikoreicher als ein anderes, das nur geringe Kursausschläge verzeichnet. Das leuchtet intuitiv ein und hat den praktischen Nebeneffekt, dass Volatilität sich leicht berechnen lässt. So hat es die Börse mit *kalkulierbaren* Risiken zu tun. Einem mathematisch erfassbaren Risiko können wir mannhaft ins Auge sehen. Eine Gefahr macht nur Angst, wenn ihre Konsequenzen unabsehbar sind.

Die Kalkulierbarkeit der Risiken kommt allen Beteiligten entgegen. Die Geldgeber wollen jemandem vertrauen, der sich seiner Sache sicher ist, und in der Psyche der Fondsmanager ist es nicht angelegt, sich als Angsthasen zu begreifen. Fondsmanager können ihren Kunden sagen, man könne aufgrund komplexer, aber leider für den Laien nicht nachvollziehbarer Berechnungen die Risiken kontrollieren, und der Kunde könne daher ruhig schlafen. Der Fondsmanager selbst wird sich ebenfalls auf die berechneten Risiken verlassen, denn wenn es schiefgeht, so ist nicht er, sondern das Modell schuld. Er kann im Fall der Erfolglosigkeit sagen, das Ereignis, welches zum Ruin geführt hat, sei von so geringer Wahrscheinlichkeit gewesen, dass man es vernünftigerweise ignorieren musste.

Die moderne Portfoliotheorie verlangt im Wesentlichen, die Vermögenswerte breit zu streuen und darauf zu achten, dass sie wenig miteinander zu tun haben und dennoch einträglich sind. Dadurch lässt sich das Risiko senken, ohne dass man auf Rendite verzichten müsste. Diese lässt sich noch ein wenig steigern durch Investitionen in risikoreiche oder abseitige Titel (man profitiert hier von der Risiko- bzw. Illiquiditätsprämie). Ein aktienlastiges, breit gestreutes Portfolio gering korrelierter Wertpapiere oder Direktinvestitionen bringt Rendite und Risiko in das beste Verhältnis.

Der Umgang der modernen Kapitalmarkttheorie mit dem Thema Risiko leuchtet ein: Wer ein größeres Risiko eingeht, wird dafür auch eine höhere Rendite verlangen. Wenn die Investition in eine deutsche Staatsanleihe am Ende genauso viel abwirft wie die Investition in eine kasachische Goldmine, dann war die Staatsanleihe dank ihres geringeren Risikos die bessere Investition. Wer in die Mine investiert, tut dies, weil er der Überzeugung ist, damit mehr zu verdienen als den risikolosen Zins. Genauso leuchtet ein, dass es klug ist, mehrere verschiedene Investitionen einer einzigen vorzuziehen, da ein Totalverlust (der nicht wiedergutzumachen ist) in einem diversifizierten Portfolio weniger wahrscheinlich ist.

Der offizielle Umgang mit dem Unwägbaren an der Börse ist zwar auf seine Weise überzeugend, aber die Realität zeigt sich nicht immer kooperativ. Die Finanzmärkte lassen sich von Wissenschaftlern nur etwa so gut beschreiben, wie ein Grammatiker die Poesie erklären kann. Die Vorstellung, sich ohne großen intellektuellen Aufwand auf die sichere

Seite im Leben begeben zu können, ist naiv. Es ist ein Pfeifen im Walde. Man tut so, als gäbe es keine unberechenbaren Risiken, als könne man alles mit der Gauß'schen Glockenkurve erschlagen. Wenn das Unglück dann hereinbricht, hat man wenigstens die gute Entschuldigung, das Modell habe nicht funktioniert. So als sei das Modell nicht nur eine ungefähre Annäherung an die Realität, sondern diese selbst.

Risiken werden in der Finanzmathematik formal richtig gerechnet. Sie werden berechnet auf der Grundlage von etwas Bekanntem, welches sich quantifizieren lässt. Aber diese Grundlage trägt nicht an den Finanzmärkten. Risiken sind etwas anderes als *Ungewissheiten* oder *Unschärfen*, von denen wir reden, wenn es um Ereignisse geht, die wir nicht abschätzen können. Die Börse ist ein Ort, wo Menschen miteinander kommunizieren, um einander im Unklaren zu lassen. Wie soll da etwas Berechenbares herauskommen? Wie will man das in Zahlen fassen? Der Begriff des Risikos hört da auf, wo der Spaß anfängt und der Mensch sich von der reinen Vernunft verabschiedet. Das ist ihm nicht abzugewöhnen. Dieser Nebel der Ungewissheit macht die Finanzmärkte erst finanziell und intellektuell interessant.

Risikomanagement funktioniert in einer rationalen oder nahezu rationalen Welt. Und meistens ist es ja auch rational nachvollziehbar, was an den Börsen passiert. Auch an der Börse versuchen wir, vernünftig zu sein. Aber wie im wirklichen Leben gelingt es nicht immer, und wenn die Furcht um sich greift, lässt das Interesse für die Details der Modellrechnungen schnell nach. Wenn der Mensch sich fürchtet, ist er zu Dingen in der Lage, die ihm später als albernes Produkt einer momentanen Verwirrung, zum fraglichen Zeitpunkt aber vollkommen unausweichlich erscheinen. Der Mensch ist sich seiner Sache nie so sicher, wie wenn er in Panik ist. Die Sicherheit, die wir im Alltag so sehr vermissen, dass wir der Mathematik fast alles glauben, erlangen wir plötzlich in dem Augenblick, da alles ins Rutschen gerät.

Thukydides spricht nicht vom Risikobewusstsein als einem der stärksten Motive des Menschen, sondern von Furcht. Furcht ist urmenschlich, unscharf und wahrscheinlich unberechenbar. Dies zu ignorieren ist der Geburtsfehler des modernen Risikomanagements. Die Vernunft ist zwar einer der wesentlichen Treiber bei vielen Investitionen, aber als Beweggrund verblasst sie, wenn die Furcht im Raum steht. Die Händler fragen dann nicht mehr lange nach rationalen Erklärungen. Sie verkaufen. Alles, was sie sich dabei denken, ist: *You never lose your shirt by taking profits.*

Furcht hat, wie der Mut, etwas mit Vergesslichkeit zu tun. Wer Furcht hat, vergisst die langen Datenreihen und Erfahrungen, die einer rationalen Risikoeinschätzung zu Grunde liegen. Wer sich fürchtet, wägt nicht mehr ab, bedenkt nicht die weitere Vergangenheit, sondern tut Dinge, für die auch die kühnsten Modelle keinen Platz haben. Umgekehrt basiert Vertrauen auf Erfahrung, ohne die es meist nur von kurzer Dauer ist. Erfahrung gibt ein Gefühl von Sicherheit in einer verwirrenden Welt, ist aber nur um den Preis des Durchleidens eines Zyklus' von Höhen und Tiefen zu haben. Das gilt auch und gerade für die Börsen. Wer dort das Vertrauen verliert, kennt keine Grenze mehr. Auch nicht, wenn sie aussieht wie eine Glockenkurve.

Neben der Tendenz des Menschen, den Erfahrungsraum bedenkenlos zu verlassen, gibt es noch einen tieferen (bereits im zweiten Kapitel angedeuteten) Grund, warum die Risikomodelle der modernen Kapitalmarkttheorie nicht funktionieren können. An der Börse verändern Theorien die Realität. Wenn sie erfolgreich sind, zerbrechen sie unter ihrem eigenen Gewicht. Das moderne Risikomanagement ist keine Ausnahme. Der Erfolg und die Plausibilität der modernen Theorie, wie sie Markowitz begründet hat, führen seit den 90er-Jahren dazu, dass die Portfolios der Marktteilnehmer sich nach und nach immer ähnlicher sehen. Sie berechnen ihr optimales Portfolio aus gering korrelierten Investitionen anhand historischer Daten. Da diese Daten und die Formeln allgemein verfügbar sind, spucken die Rechner der großen und kleinen Fonds überall auf der Welt dieselben Kauf- und Verkaufsempfehlungen aus. Und plötzlich halten sehr viele Marktteilnehmer Portfolios mit zwar unterschiedlichen Einzeltiteln, aber identischen Risiken. Dadurch entsteht ein historisches Novum. Die allgemeine Akzeptanz der Kapitalmarkttheorie führt dazu, dass die Portfolios sich ähnlicher sind als in der Vergangenheit. Dass derart viele Marktteilnehmer ihre Portfolios derart theoriekonform investiert haben, kommt in den historischen Daten, mit denen die Theorie arbeitet, aber nicht vor. Die Risiken sind nicht mehr so verteilt wie früher. Die Datenreihen, auf denen die Portfoliokonstruktion beruht, erzählen von Situationen, in denen die Risiken nie so verteilt waren, wie sie es *nach* der allgemeinen Akzeptanz der erfolgreichen Theorie sind. Damit entwertet die Theorie ihr eigenes Fundament. Die Daten, die in ihre Vorhersagen einfließen, verlieren ihre Relevanz, weil die breite Akzeptanz der Theorie dazu führt, dass die Risiken immer ähnlicher aussehen und eben durch ihre weitere Verbreitung immer gefährlicher werden.

So führt der Erfolg zum Scheitern. Es muss nur zufällig ein Gescheuchter kommen, der einen Herdeneffekt auslöst. Im Sommer 2007 hatten fast alle großen Banken der westlichen Welt, deren Risikomanager alle demselben Schema folgten, sehr hohe Bestände an Verbriefungen im Eigenbestand, da diese eine hohe Sicherheit (AAA-Rating), eine hohe Rendite (1,5 % über Staatsanleihen) und eine geringe Korrelation zu den Aktienmärkten aufwiesen. Als dieser Markt nun, anders als in der Theorie vorgesehen, ins Rutschen kam, waren plötzlich alle großen Adressen zur selben Zeit gezwungen, dieselben Papiere zu verkaufen. Die Konsequenz war der Zusammenbruch von 2008.

Der Finanzwissenschaft ist ihre Unfähigkeit, auch in Krisenzeiten etwas Nützliches zum Thema Risiko zu sagen, schon lange aufgegangen. Wie soll man konkret mit der immer wieder die Kurse massiv beeinflussenden Furcht im Markt umgehen? Zu oft sind seit den 70er-Jahren zu große Summen aufgrund theoretisch wohlbegründeter Modelle gewettet und verloren worden, als dass sich noch viele Fondsmanager darauf verlassen würden. So hat sich eine Minderheit vom akademischen Mainstream gelöst und beschlossen, nicht immer wieder mit demselben Kopf durch dieselbe Wand zu wollen. Ihr Ansatz, die Wirtschaftswissenschaft im Allgemeinen und die Finanzwissenschaft im Besonderen nicht nach dem Modell der Physik zu konstruieren, sondern Psychologie und Soziologie zum Vorbild zu nehmen, gewinnt mit jeder Katastrophe, welche die alten Modelle verursachen und erleiden, an Statur. Diese pragmatische Richtung in der Finanzwissenschaft heißt *Behavioral Finance.*

Die revolutionäre Grundannahme der *Behavioral Finance* lautet: *Nicht alle Anleger und Spekulanten sind vollkommen rational.* Außerhalb der Wirtschaftswissenschaft kann man sich guten Gewissens am Kopf kratzen und fragen, wie es so weit kommen konnte, dass ein solcher Satz erschütternd ist. Aber so ist es nun einmal: Wenn wirtschaftliche Entscheidungen auch nach nicht-rationalen Kriterien getroffen werden, sind sie nicht mehr berechenbar und die Physik taugt nicht länger zum Vorbild. Alles, was außerhalb dieser Grenze liegt, ist revolutionär.

Dass es an den Börsen mitunter unvernünftig zugeht, lässt sich relativ leicht zeigen: Ein Beispiel ist die Bewertung der Aktien von Royal Dutch und Shell Transport. Diese beiden Firmen haben im Jahr 1907 ihre Aktivitäten zusammengelegt, wurden aber nicht formell fusioniert, sondern sind rechtlich unabhängige Einheiten geblieben. In ihrem Vertrag haben sie festgelegt, dass Royal Dutch auf 60 % der Gewinne Anspruch hat, während die restlichen 40 % an Shell gehen. Ginge es vernünftig zu, sollte der Börsenwert von Royal Dutch stets 1,5-mal so hoch sein wie der von Shell. Obwohl diese Aktien Lieblinge der Pensionsfonds – und damit der rationalsten Investoren – sind, ist es in der Vergangenheit zu dramatischen Abweichungen bei der Bewertung gekommen. Nach dem rationalen Maßstab war Royal Dutch 1980/81 etwa 35 %

unterbewertet. Diese Fehlbewertung kehrte sich in den Folgejahren langsam ins Gegenteil und 1986 war Royal Dutch etwa 10 % überbewertet, was auch nicht viel mehr Sinn ergibt. Eine vernünftige Erklärung für das Phänomen gibt es nicht und es zeigt, dass Fehlbewertungen krass und zäh sein können (und damit für Händler oft schwer auszunutzen sind).*

Ein anderes beliebtes Beispiel sind die Aktien von Palm. Der große amerikanische Mischkonzern 3M hatte 5 % der Aktien seiner Tochter Palm, welche damals sehr modische Mobiltelefone herstellte, auf dem Höhepunkt der Interneteuphorie im März 2000 an die Börse gebracht. Am Ende des ersten Handelstages standen die Aktien von Palm bei $ 95. Allein der Wert von den 95 % der Palm-Aktien, die noch bei 3M verblieben waren, gaben jeder 3M-Aktie einen Wert von $ 142. Tatsächlich lag der Kurs von 3M aber bei $ 81, was einen Wert von $ –61 für den Rest des Konzerns implizierte. Dieser offensichtliche Schwachsinn hielt für mehrere Wochen an.

Royal Dutch und 3M sind große Konzerne, die jeder Fondsmanager kennt und mag. Wenn mit diesen Aktien etwas nicht stimmt, trifft das auf den ganzen Markt zu. Das legt nahe, die Psychologie von Anlegern genauer zu untersuchen. Das Ergebnis ist insgesamt nicht sehr vorteilhaft. Die *Behavioral Finance* hat herausgefunden, was jeder weiß, der

---

* Technisch ausgedrückt, lassen sich Fehlbewertungen nicht immer ausnutzen, da Arbitrage-Strategien (also das Ausnutzen von gleichzeitig bestehenden unterschiedlichen Preisen an unterschiedlichen Handelsplätzen) so kostenintensiv und risikoreich sein können, dass sie unattraktiv sind. Daher wird nicht jede Arbitragemöglichkeit ausgenutzt. Insbesondere haben es Arbitrageure mit fundamentalen Risiken (die Rahmenbedingungen, unter denen eine Position initiiert wurde, ändern sich plötzlich) und dem *Noise-trader*-Risiko (oft fühlen sich Händler, die für die Abweichung vom Normalzustand gesorgt haben, durch die Entstehung der Abweichung in ihrer Meinung bestätigt und vergrößern noch ihre Position) zu tun. Das kann dazu führen, dass der Arbitrageur Verluste generiert und seine Position unter erheblichen Kosten schließen muss – und dadurch die Fehlbewertung noch vergrößert.

einmal bei einer Investmentgesellschaft gearbeitet hat: Fondsmanager sind laut, hinterfragen sich nicht (*overconfidence*), leben nach dem Prinzip Hoffnung (*wishful thinking*) und sind ansonsten rückwärtsgewandt (*anchoring*).

Overconfidence äußert sich darin, dass Schätzungen bei weitem nicht so gut sind, wie der Schätzer es vermutet. So endet der Dow Jones Index zum Jahresende nur in 60 % der Fälle in einem Bereich, den die Fondsmanager mit einer Sicherheit von 98 % angeben (innerhalb des 98 %-Konfidenzintervalls). Was sie für sicher halten, passiert tatsächlich nur in 80 % der Fälle, was sie für ausgeschlossen halten, passiert tatsächlich in 20 % der Fälle.

Der Wunsch ist der Vater des Gedankens, wenn 90 % der Menschen glauben, überdurchschnittlich gut Auto zu fahren oder humorvoll zu sein. *Wishful thinking* ist etwa in der Chemieindustrie am Werk, wo nach einer Studie der *Rand Corporation* bei 44 Bauprojekten die Fabriken im Durchschnitt doppelt so teuer waren wie ursprünglich gedacht und lediglich drei Viertel der Kapazität hatten. In der wirklichen Welt liefern Zulieferer nicht wie geplant, funktionieren Technologien nicht wie erwartet und Synergien treten nicht ein wie erhofft.

Anchoring bedeutet, dass man auch Zahlen lieb gewinnen kann. Wenn wir einmal eine Zahl im Kopf haben, die wir mit etwas assoziieren, dann lassen wir sie nicht mehr so leicht los, sie wird zum Anker. Folgendes Experiment illustriert das Phänomen: Zunächst bittet man den Probanden, sich eine Zahl zwischen 0 und 100 zu denken. Dann fragt man nach dem Prozentsatz der Länder aus Afrika bei den Vereinten Nationen. Wer mit der Zufallszahl 10 gestartet war, schätzte anschließend 25 %. Wer mit der Zufallszahl 60 gestartet war, kam auf 45 %.

In der Börsenpraxis zeigt sich das *Anchoring* etwa darin, dass Anleger es oft nicht über sich bringen, ein Wertpapier mit Verlust zu verkaufen. Das ist unvernünftig, denn an der Börse zählen nur die Zukunftsaussichten. Wer sich beim Einkauf geirrt und zu viel gezahlt hat, macht seinen Fehler durch das Beharren auf dem ursprünglichen Preis nicht wieder gut, aber es erzeugt ein wohliges Gefühl, wenn man etwas besser weiß als der Markt.

Das für die Börse interessanteste Ergebnis der *Behavioral Finance* ist die *Prospect Theory*, in der gezeigt wird, wie wir mit Gewinnen und Verlusten und der allgegenwärtigen Ungewissheit an den Börsen umgehen und wie die Rationalität reiner Nutzenerwägungen überlagert wird.

Beispielsweise lässt sich zeigen, dass der Mensch Verluste stärker fürchtet, als er sich über gleich hohe Gewinne freut. Wenn wir vor die Wahl gestellt werden, € 1.000 mit einer Wahrscheinlichkeit von 50 % zu bekommen oder € 500 in jedem Fall, so wählen wir die € 500, denn die Sicherheit beim Gewinn ist uns wichtig – obwohl der Erwartungswert in der ersten Variante ebenfalls bei € 500 liegt und es uns eigentlich egal sein könnte, wie wir uns entscheiden. Die Höhe des Gewinns ist nicht so wichtig, Hauptsache wir gewinnen überhaupt etwas. Die Furcht, leer auszugehen, wenn man etwas gewinnen könnte, korrespondiert mit der Hoffnung, ungeschoren davonzukommen, wenn ein Verlust im Raum steht. Dreht man nämlich das Beispiel um, so wollen wir von Sicherheit nichts mehr wissen: Wenn wir vor die Wahl gestellt werden, ob wir einen Verlust von € 1.000 mit einer Wahrscheinlichkeit von 50 % erleiden wollen oder einen sicheren Verlust von € 500, dann entscheiden sich die meisten für die erste Variante. Die Höhe des Verlusts ist nicht so wichtig, Hauptsache wir vermeiden ihn überhaupt.

Noch größer wird die Furcht, wenn wir die Wahrscheinlichkeiten nicht kennen: Angenommen wir stehen vor zwei Urnen. Bei Urne 1 wissen wir, dass sie je zur Hälfte mit roten und blauen Bällen gefüllt ist. Bei Urne 2 wissen wir, dass sie ebenfalls mit roten und blauen Bällen gefüllt ist, kennen aber die Verteilung nicht. Die weitaus meisten Menschen entscheiden sich für Urne 1, wenn ihnen gesagt wird, sie sollen einen Ball aus einer der Urnen ziehen und bekämen € 100 für einen roten Ball und nichts für einen blauen. Auch hier ist wieder der Erwartungswert derselbe, aber wir entscheiden uns für das Bekannte und versuchen das Unbekannte zu meiden.

Wir fürchten Verluste und fürchten sie erst recht, wenn wir nicht abschätzen können, wie hoch sie ausfallen. Es ist der natürliche Instinkt des Menschen, sich aus solchen Situationen zurückzuziehen. Das erklärt die oft panikartige Reaktion der Märkte, wenn eine große Unsicherheit besteht, wie etwa nach einem Bankenzusammenbruch. Niemand richtet es sich gerne ein in einer Situation, in der er Verluste befürchten muss, mit einer Wahrscheinlichkeit, die er nicht einmal abschätzen kann.

Auch wenn es der *Behavioral Finance* gelingt, einige Phänomene deutlich besser zu erklären als die klassische Ökonomie, wird sie diese wohl kaum vom Thron stoßen. Denn ihr praktischer Nutzen ist nicht größer als derjenige der Standardtheorie, die einige falsche, aber eben auch viele richtige Antworten hat. Die *Behavioral Finance* kann zwar erklären, wie Furcht wirkt, ist aber rein deskriptiv und gibt keinen Hinweis, wie mit Furcht und Risiko umzugehen ist. Wenn der NASDAQ-Index mit dem Platzen der Internetblase von 8.000 auf 2.000 Punkte gefallen ist, soll man dann kaufen oder nicht? Soll man nach der Pleite von Lehman warten, ob noch eine Bank kollabiert, oder soll man kaufen? Hätte man verkaufen sollen, als Irving Fisher, der damals angesehenste Ökonom, 1929 feststellte, die Aktien hätten nun ein permanent hohes Niveau erreicht, welches sie nicht wieder verlassen würden? Soll ich heute kaufen oder verkaufen? Es gibt eine Reihe von Publikumsfonds, die als *Behavioral Finance*-Fonds beworben werden, aber auch deren Manager wissen offensichtlich nicht besser mit den Märkten umzugehen, denn kaum einer weist eine überzeugende Wertentwicklung auf.

Solange es aber keinen praktischen Nutzen gibt und die Furcht nur beschrieben und nicht ausgenutzt werden kann, wird sich die *Behavio-*

ral Finance nicht durchsetzen. Revolutionen sind eine schwierige Angelegenheit, wie Niccolò Machiavelli einmal in einem anderen Kontext herausgestellt hat: »Es gibt nichts, was schwieriger herbeizuführen wäre, dessen Erfolgsaussichten unsicherer wären, das gefährlicher durchzuführen ist, als eine neue Ordnung der Dinge herbeizuführen. ... Die Menschen sind allgemein ungläubig, vertrauen neuen Dingen niemals wirklich, bis sie sie nicht durch Erfahrung geprüft haben.«

Etwas wehmütig blicken wir zurück auf die Zeit, in der Risiken noch nach alter Kaufmannsart begriffen wurden. Von 1602 bis zum Auftritt von Samuelson und Markowitz, die Risiko und Schwankungsintensität gleichsetzten, war der Umgang mit dem Unberechenbaren deutlich einfacher, weil er nicht so ehrgeizig war. Man begnügte sich mit dem ungefähren Wissen um die Verlustmöglichkeiten und versuchte nicht, sie genau auszurechnen. Die Zukunft galt damals noch als unsicher, manchen sogar als unberechenbar, also als etwas, dem man mehr mit Mut als mit Zahlen begegnete. Der Mut wurde aus der Erfahrung gespeist, nach der ein Geschäft jedenfalls als riskant zu gelten hatte, wenn es bereits schlecht begonnen wurde. Wenn etwas zu teuer gekauft wurde, musste man befürchten, es nur mit Verlust verkaufen zu können. *Der Gewinn liegt im Einkauf*, lautet eine alte Kaufmannsweisheit, deren Gültigkeit jedenfalls zeitlos ist.

Kein Besitzer eines Kramladens käme auf die Idee, sein Warensortiment nach dem Gesichtspunkt der Schwankungsintensität von Preisen und ihrer Korrelation zueinander auszusuchen. Er hat Hämmer und Nägel, auch wenn der Preis bei beiden Artikeln von den Schwankungen des Eisenerzpreises und der Baukonjunktur abhängt und gemeinsam steigt und fällt. Er hat beides im Sortiment, zahlt dafür aber allenfalls zwei Drittel des Preises, den er für den Weiterverkauf erwartet. Selbst wenn der Preis der Ware heftig schwankt, kann er sich doch einigermaßen sicher sein, über kurz oder lang den Preis zu erhalten, den er sich vorgestellt hatte, und einen entsprechenden Gewinn zu machen. Je günstiger der Einkaufspreis, desto geringer das Risiko.

Der Risikobegriff des Kramladens galt früher auch an der Börse. Graham und Dodd formulieren ihn etwas anders, aber der Wesenskern ist derselbe. Danach ist es mit Aktien und Anleihen nicht anders als mit Hämmern und Nägeln. Wer Wertpapiere mit einem inneren Wert von 100 kauft und dafür nur 65 zahlt, geht kein großes Risiko ein. Den Puffer von 35 nennen Graham und Dodd die Sicherheitsmarge, die bei jedem Kauf eines Wertpapiers gegeben sein muss. Selbst wenn das Papier dann noch auf 50 oder darunter fällt, muss dies nicht zu Nervosität führen, solange es nichts am inneren Wert des Papiers ändert. Irgendwann wird jedes Papier zum fairen Wert gehandelt. Den inneren Wert kann man am Buchwert eines Unternehmens festmachen oder an der langjährigen durchschnittlichen Ertragskraft. Beides festzustellen ist kein Hexenwerk, man kann es der Bilanz entnehmen.

Die moderne Portfoliotheorie hält ein Wertpapier für risikoreich, wenn es starke Kursausschläge hat, und lässt den eigentlichen Wert des Papiers völlig außer Acht. Der Risikobegriff des Kramladens hat demgegenüber den Vorteil, dass das Risiko einer Investition sich nicht mit der Laune der Börse ändert. Nach der Standardtheorie ist das Risiko eines Wertpapiers bei einem Kurs von 40 niedriger als bei 30, wenn beim niedrigeren Kurs die Volatilität höher ist. Die Krämerlogik sagt, dass das Verlustrisiko höher ist, je teurer die Aktien oder Anleihen sind. Sie glänzt durch unbestreitbare Lebensnähe und ist durch alle Zeiten und Kulturen verbreitet. Ihr größter Nachteil ist es, mathematisch nicht elegant zu sein, aber in der Praxis lässt sich das verschmerzen.

Die *Behavioral Finance* hat zum Thema Furcht und Risiko vieles zu sagen, dem der Krämer beipflichten würde, aber sie produziert bislang keine brauchbaren Kriterien für Käufe und Verkäufe, wie etwa den Begriff der Sicherheitsmarge. Genau genommen war die Einsicht, man solle kaufen, wenn alle anderen Angst haben, und verkaufen, wenn das

Vertrauen am größten ist, schon vor der Entwicklung der *Behavioral Finance* recht verbreitet. Man musste nicht unbedingt auf die Entwicklung dieses neuen Wissensgebiets warten.

Wer billig eingekauft hat, hat nur ein Restrisiko, das man als Pech, Zufall oder Götterfügung bezeichnen kann. Diese muss man nach Thukydides mit Gelassenheit tragen (im Unterschied zu »menschgemachten Feindesschlägen«, denen mit »Manneskraft« zu begegnen ist [II,64,2]). *Gelassenheit* ist aber wieder ein Begriff, der nicht in das in sich geschlossene Gebäude der Ingenieurs-Ökonomen passt. Er setzt langmütige Investoren voraus, die Durststrecken als solche identifizieren können und nicht leicht in Furcht verfallen. Daher gibt es heute fast keine Wiesel mehr, die sich eine solche Sicht der Dinge leisten wollen. Sie ist wohl mit dem Kramladen untergegangen.

5. DER EHRGEIZ DES SPIELERS

*Denn lieber lassen sich die meisten Menschen gewitzte Bösewichter nennen als einfältige Ehrenmänner; des einen schämen sie sich, mit dem andern brüsten sie sich. An all dem ist die Herrschsucht schuld, die sich in Habgier und Ehrgeiz äußert, und daraus erwächst dann, wenn erst der Hader hinzutritt, wilde Leidenschaft.**

Die wunderschöne, gebildete und kluge Nymphe Calypso bietet Odysseus, um ihn zu halten, ewige Jugend und ewige Liebe an. Kann ein Sterblicher sich mehr wünschen? Aber anstatt zu sagen: *das ist es!* und die Irrfahrt zu beenden, lehnt der Listenreiche ab und hofft auf ein Fortkommen. Als ihm der Götterbote die Gelegenheit zur Weiterfahrt verkündet, baut er ein Floß und wagt die wochenlange Fahrt über das unberechenbare und grausame Meer. Was, um alles in der Welt, verspricht er sich davon? Besser als bei Calypso wird es nicht. Generationen von Gelehrten hatten große Schwierigkeiten zu verstehen, warum der skeptische und eigennützige Odysseus das beste aller denkbaren Angebote ausschlägt.

In gewisser Weise ist es die Langeweile, die Odysseus nach Hause treibt. Bei Calypso fehlt ihm das Publikum. Er kann weder Macht ausüben noch seinen Ruhm genießen. Seine einzige Mitbewohnerin auf der Insel ist eine Göttin und Göttinnen sind von Natur aus schwer zu beeindrucken. Was nutzt es, ein Held zu sein, wenn man niemanden um sich hat, den das interessiert? Odysseus strebt nach Macht und Ruhm. Als Fürst kann er nicht anders, als der Erste sein zu wollen. Der Ehrgeiz ist bei ihm am Ende tiefer verwurzelt als der Hang zum schönen Leben und lässt ihn nicht zur Ruhe kommen.

* Thukydides, Peloponnesischer Krieg, III,82,7f.

Odysseus gehen die Kardinaltugenden (Gerechtigkeit, Frömmigkeit, Tapferkeit und Besonnenheit) immer wieder schmerzlich ab. Seine Tugenden sind Erfindungsreichtum, Skepsis und Ehrgeiz. Er ist kein gemütlicher Mensch, der das Leben an sich vorbeiziehen lässt. Das Leben schuldet ihm Ruhm, Ehre und ein Königreich, und Odysseus ist entschlossen, sich sein Recht zu holen. Das treibt ihn hinaus und macht ihn, nach der *Dialektik der Aufklärung*, zum Unternehmer.

Mit dem Begriff des Ehrgeizes hat sich die Philosophie immer schwergetan. Klar ist, dass der Mensch es ohne Ehrgeiz nicht weit bringt. So gesehen ist Ehrgeiz etwas Positives. Zu viel Ehrgeiz ist aber auch nicht gut, denn er macht blind. Es gibt aber keinen Namen für das rechte Maß an Ehrgeiz, die gesunde Mitte zwischen Antriebslosigkeit und Ehrsucht, wie schon Aristoteles etwas frustriert in der *Nikomachischen Ethik* festgestellt hat. Maßvoller Ehrgeiz scheint eine Tugend ohne Begriff zu sein. Seinen üblen Beigeschmack hat demnach der Ehrgeiz nur dadurch bekommen, dass er meist erst Beachtung findet, wenn er zu groß ist.

Neben der begrifflichen Schwierigkeit verübelt die Philosophie dem Ehrgeiz, dass er auf Äußerlichkeiten gerichtet ist. Ehrgeiz ist entweder darauf gerichtet, besser zu sein als die anderen. Ein Sportler kommt nicht weit, wenn er nicht gewinnen will. Er will Ruhm, Status, Geld und die Grundlage von allem, den Sieg. Das ist keine sehr edle Regung, denn sie verbleibt an der Oberfläche. Oder der Ehrgeiz ist auf eine Sache gerichtet, die möglichst perfekt gemacht werden soll. Dieser Ehrgeiz ist nicht ganz so äußerlich, denn in gewisser Weise richtet er sich auf ein Ideal, aber auch in diesem Fall soll am Ende Beifall geklatscht werden.

An der Börse besteht der Ehrgeiz darin, mehr Geld zu verdienen als die anderen. Geld ist ein rein quantitativer Maßstab und macht jede Leistung objektiv vergleichbar, was es für alle, die eine weniger glückliche Hand haben, nicht einfacher macht. Von diesem Maßstab hängt beim

Wiesel alles ab, Ruhm, Status und angeblich sogar Glück. Geld strahlt als die einzige Bezugsgröße in alles hinein, was Händler und Fondsmanager tun, weshalb sie ein ziemlich gottloses Volk sind. Sie können nichts produzieren, was unabhängig vom Geld als gelungen bezeichnet werden könnte. Ein »schöner« Handel ist ein profitabler Handel. Selbst wenn es mit etwas Konkretem wie Gold oder Strom handelt, sieht das Wiesel diese Dinge doch nie und hat nichts, was es »schön« finden könnte – außer seinem Gehaltsscheck.

Fondsmanager sind nur gut, wenn sie mehr Geld verdient haben als die anderen und in den täglich aktuellen Rennlisten, in denen die Fonds nach ihrer Wertentwicklung sortiert werden, oben auftauchen. Ein Fonds ist weder für den Anleger noch für den Manager befriedigend, wenn er lauter billige Wertpapiere enthält, die aber nicht steigen. Rechthaben allein genügt nicht an der Börse, es muss sich auch rechnen. Diese extreme Transparenz (die es in vergleichbarer Weise in anderen hochbezahlten Berufen, wie bei Anwälten oder Fußballern, nicht gibt) erzeugt in allen mit der Börse verbundenen Jobs einen hohen Druck – um nicht zu sagen: Verdrängungswettbewerb. Nur wer schnell und richtig handelt, behält seinen Platz, denn die Margen an den gängigen Märkten sind eng und die Gewinnmöglichkeiten (Ineffizienzen) oft schnell wieder verschwunden. So setzen sich die Listenreichen und Ehrgeizigen durch, die permanent auf der Hut und paranoid genug sind, allen Marktteilnehmern alles zuzutrauen.

Sosehr sich im Beruf alles ums Geld dreht, so schnell tritt der reine zwecklose Gelderwerb für die Privatpersonen in den Hintergrund. Natürlich sind Finanzmenschen in der Regel oberflächlich und bleiben es ihr Leben lang, aber wer reüssiert, schaut schnell über den nackten Kontostand hinaus. Er passt seinen Lebensstil den neuen Möglichkeiten an und macht sich über Statusfragen höherer Ordnung Gedanken, weniger über das Rohmaterial, mit dem der Status erkauft wird. Der reine Gelderwerb hat, auch das wusste schon Aristoteles, etwas Unnatürliches, denn Reichtum macht für sich genommen keinen Sinn. Geld ist Mittel zum Zweck; ohne Verwendung ist es nur irgendeine sinnlose Zahl auf einem Papier. Auf diesen Sinn zielt etwa die Beilage der *Financial Times,* die *How to spend it* heißt und sich an Personen richtet, für die das Geldausgeben ein größeres Problem ist als das Geldverdienen. *How to make it* ist eine Frage, die früh im Leben gelöst sein sollte und die späterhin nur noch *hoi polloi* (die vielen) umtreibt. Geizkrägen vom Schlage eines Ebenezer Scrooge, die Geld um seiner selbst willen verdienen, spielen im Bewusstsein der Finanzmärkte keine Rolle. Geld ist viel zu schade, um es weder auszugeben noch vorzuzeigen. Interessant ist der Wettbewerb mit den Konkurrenten und der Lebensstil, den der Erfolg sichert.

Während es kaum jemanden ohne Ambition gibt an der Börse, gibt es doch einige, denen der Listenreichtum und die Skepsis des Odysseus abgehen. Sie sind naiv genug, um den Gewinnversprechen der Broker zu glauben, und bleiben enthusiastisch, auch wenn die Kurse sich bereits in schwindelerregende Höhen geschraubt haben. Sie bringen manchmal erhebliche Summen mit an die Börse und die Überzeugung, noch viel mehr daraus machen zu können. Die Naiven werden von den Insidern in diesem Glauben bestärkt und für das gehalten, was sie im Kern sind: Narren.

In die Kategorie der naiven Ehrgeizigen fallen etwa jene Institute, die gerne unter der verallgemeinernden Bezeichnung »Stupid German Money« zusammengefasst werden. Dominiert wird sie von den Landesbanken, es gehören aber auch einige Privatbanken dazu, die, meist aufgrund eines Minderwertigkeitskomplexes, den die Provinz so oft gegenüber den Hauptstädten hegt, sich in Geschäfte wagen, für die ihnen – außer Geld – sämtliches Rüstzeug fehlt. Hübsch hat das Michael Lewis im achten Kapitel von *Liar's Poker* beschrieben, wie er seinem ersten Kunden seine erste Anleihe verkauft. Lewis hat eben bei Salomon als Broker angefangen und keine Ahnung vom Geschäft. Er weiß nur, dass er nun Bonds (Anleihen) an den Mann bringen soll. Da fällt ihm die Telefonnummer einer österreichischen Versicherung in die Hand, die unbedingt mit Salomon ins Geschäft kommen möchte. Er ruft an und findet heraus, dass dort ein Deutscher namens Herman mit fast 100 Millionen Dollar Spielgeld sitzt, sich für besonders schlau hält und hungrig auf Deals ist. Die Versicherung will jemand werden am internationalen Kapitalmarkt. Lewis verkauft »Herman the German« eine Anleihe von AT&T. Dass der Emittent Schwierigkeiten hat, ist allgemein bekannt und Salomon will sich von den eigenen Beständen dringend trennen. Da kommt »Herman the German« gerade recht und Lewis verkauft ihm die Anleihe – ohne selbst zu begreifen, was für ein Kuckucksei er seinem Kunden ins Nest legt. Prompt fällt das Papier und »Herman the German« ruft jeden Tag an, um bei Lewis zu jammern. Lewis trägt diesen Jammer weiter zu dem Händler, der ihm die Anleihe aufgeschwatzt hatte, bis der die Geduld verliert und ihn fragt, von wem er denn bezahlt werde, von *Salomon* oder »Herman the German«. Das Gejammere endet dann bald mit der Entlassung von »Herman the German« bei der österreichischen Versicherung.

Die Episode um »Herman the German« zeigt im Kleinen, was sich jedes Mal abspielt, wenn naives Geld aus der Provinz ganz hoch hinaus will. Der Untergang der Sächsischen Landesbank ist nach demselben Schema verlaufen: Die Bank wollte oder konnte nicht genug Geld verdienen an dem Geschäft mit der Mittelstandsfinanzierung in Sachsen. Das war sicher auch langweilig. Geldleute wollen nie nur investieren, sie wollen immer auch spielen. So kam irgendjemand in der Bank auf die Idee, billig Geld aufzunehmen (das war möglich, weil bis zum Jahr 2005 der Staat als Bürge zur Verfügung stand) und es in amerikanische Immobilienkredite zu investieren. Zu diesem Zweck wurde eine Tochtergesellschaft in Irland gegründet, die schnell ein großes Rad drehte und einen guten Teil der Gewinne der Bank machte. Als das Blatt sich im Jahr 2007 wendete, benötigte die Sächsische Landesbank plötzlich innerhalb von einer Woche 17,3 Milliarden Euro. Zum Vergleich: Der jährliche Haushalt des Landes Sachsen lag im selben Jahr bei etwa 15 Milliarden Euro.

Der Mechanismus ist immer derselbe. An erster Stelle steht der Ehrgeiz, mit wenig Aufwand viel Geld zu verdienen, und die Überzeugung, dieses Ziel an den Finanzmärkten erreichen zu können. Die Frage, warum überhaupt noch jemand arbeitet, wenn es so leicht ist, an der Börse reich zu werden, kommt nicht vor, denn es fehlt die Skepsis, insbesondere gegenüber den eigenen Fähigkeiten. Der Mangel an Misstrauen ist eines der entscheidenden Defizite, das die Wiesel von Odysseus trennt. Zu dem puren Selbstbewusstsein, den Markt spielen zu können (wie bei »Herman the German«), legen sich die meisten noch eine Geschichte zurecht, warum sie gerade jetzt einsteigen müssen und die Sache im Griff haben: Weil sie die Sache mit dem Internet vor allen anderen verstanden haben; weil es eine sichere Sache ist, mit billigem Geld in AAA-bewertete Bündel von Hypothekenkrediten zu investieren; weil das tiefe Verständnis der modernen Theorie nach Markowitz es ermöglicht, die Risiken mit wissenschaftlicher Präzision zu kontrollieren und dabei die Erträge zu optimieren.

Gier frisst Hirn, könnte man sagen. Aber so leicht ist es nicht. Es sind nicht nur die dummen gierigen Außenseiter, die hereinfallen. Allzu oft geht die Skepsis an der Börse verloren, wenn die Sache nur lang genug gut gegangen ist. Bernard Madoff, der das größte Schneeballsystem aller Zeiten organisiert hatte, spezialisierte sich sogar auf Investoren, die das Rüstzeug gehabt hätten, skeptisch zu sein. Einer seiner größten Investoren war Thierry de la Villehuchet, ein Vermögensverwalter für die europäische High Society, der über eine Milliarde Dollar an Kundengeldern bei Madoff investierte. Er hatte zuvor die Geschäfte von Crédit Lyonnais Securities in den USA geleitet und war auch mit seiner eigenen Firma bestens in der Finanzwelt verdrahtet. Als Verwalter hatte er dennoch die wesentlichen Regeln kluger Geldanlage verletzt: Das Vermögen wurde nicht gestreut, sondern zum überwiegenden Teil an einen einzigen Manager weitergereicht. Er hatte Madoff nie getroffen und offensichtlich nicht verstanden, was der mit dem Geld machte. Die Skepsis, die er wahrscheinlich einmal hatte, war ihm völlig abhandengekommen. Als das Ausmaß von Madoffs Betrug und seiner eigenen Naivität deutlich wurde, beging de la Villehuchet Selbstmord. In seinen Kreisen fand man das sehr anständig, wenn auch erschreckend emotional.

Skepsis ist die eigentliche Gedankenarbeit an der Börse. Es ist viel anstrengender, hinter die Geschichten zu schauen und die Theorien zu verstehen, als sie einfach nur zu glauben. Ohne Skepsis hat der Ehrgeiz keinen Halt.

Nichts zieht die ambitionierten Narren so sehr an wie eine kräftige Hausse. Bullenmärkte haben immer wieder eine ähnliche Dynamik. Erst gibt es eine neue Technik (Eisenbahnen, Elektrotechnik, Internet), eine neue Geschichte (die Reichtümer der Südsee, die wirtschaftliche Unbesiegbarkeit Japans) oder neue Finanzierungsmöglichkeiten (Druck von Papiergeld, Erfindung von Junkbonds oder Mortgage Backed Securities [handelbare Bündel von Immobilienkrediten]). Dann kommt eine immer weitere Verbreitung der Erzählung, wer wie sagenhaft reich geworden ist, indem er in die Neuigkeit investiert hat. Die Geschichte bestätigt sich, Freunde und Nachbarn werden sinnlos reich (oder behaupten das jedenfalls) und immer mehr Menschen haben das Gefühl, etwas zu verpassen. Nun kaufen auch sie, die Preise steigen noch weiter und mit ihnen der gefühlte und behauptete Reichtum. So entsteht ein Rückkopplungseffekt, bei dem der Boom sich selbst füttert. Die Aktiendepots (oder der Immobilienbesitz oder was auch immer sich gerade im Rauschzustand befindet) werden mehr wert und die Banken sind äußerst willig, angesichts der gestiegenen Beleihungswerte immer höhere Kredite zu vergeben. Mit Hilfe der Kredite werden dann noch mehr Aktien, Immobilien etc. gekauft, bis der Knall kommt und wir feststellen müssen, dass die Hebelwirkung der Kredite nicht nur nach oben, sondern auch nach unten wirkt.

Den Ehrgeiz und das Selbstvertrauen, Geld zu verdienen, bringt jeder an die Börse mit, nicht unbedingt aber die Skepsis, die nötig ist, es nicht zu verlieren. Die Naiven wollen den sympathischen Verkäufern undurchschaubarer Papiere ihre Versprechungen glauben, sie sehen die spontane Lösung ihrer finanziellen Probleme so gern, sie fühlen sich in ihrem Freundeskreis von Gleichgesinnten in ihrem Vertrauen in eine sorglose Zukunft so bestätigt, dass sie von ihren Vorstellungen selbst durch die offensichtlichsten Argumente nicht abzubringen sind. Es packt sie der Ehrgeiz, die Gelegenheit ihres Lebens zu nutzen, die perfekte Welle zu reiten. Die Skepsis weicht dem blinden Hoffen, jemand anderen zu finden, der noch mehr zu zahlen bereit ist (»greater fool theory«). Je öfter es gut geht, desto fester der Glaube an den Segen, der auf der Spekulation liegt. Und wen das Spekulationsfieber einmal befallen hat, den lässt es so schnell nicht mehr los, der realisiert nicht, dass er die perfekte Welle in einem Haifischbecken sucht.

Um das breitere Publikum daran zu hindern, aus zu viel Ehrgeiz in einer der immer wiederkehrenden Boomphasen sein Geld an der Börse zu verlieren – sei es an hartgesottene Profis oder an Scharlatane –, gibt es Gesetze und Regularien, die dafür sorgen sollen, dass der Markt stets fair und durchschaubar bleibt. Eine Reihe nationaler Aufsichtsbehörden soll dafür sorgen, dass dem Ehrgeiz der Amateure eine Grenze gezogen und den Hochstaplern das Handwerk gelegt wird.

Die Behörden haben es aber schwer, weil es fast unmöglich ist, von außen zu sagen, wer ein gewerbsmäßiger Betrüger und wer einfach nur inkompetent ist und ein Versager. Beide weisen in Bullenmärkten gute Gewinne aus, was nicht schwer ist in einer Zeit, in der alles im Wert steigt. In guten Börsenzeiten nimmt aber die Zahl der Leichtgläubigen erheblich zu und mit ihnen die Zahl der Scharlatane. Walter Bagehot hat das im Jahr 1873 in *Lombard Street*, seiner klassischen Beschreibung der Finanzmärkte, wunderbar auf den Punkt gebracht: »Auch die guten Zeiten, wenn die Preise zu hoch sind, bringen fast immer viel Betrug mit sich. Alle Menschen sind am leichtgläubigsten, wenn sie am glücklichsten sind; und wenn viel Geld gemacht wurde, wenn einige Leute es wirklich machen und wenn die meisten Leute glauben, sie selbst machen es, dann gibt es eine glückliche Gelegenheit für Lügengeschichten. Für eine kurze Weile wird fast alles geglaubt und lange vor der Entdeckung sind die übelsten und gewandtesten Betrüger geographisch oder juristisch außerhalb der Reichweite des Gesetzes.« (VI, 40). Jedenfalls sieht man bei Flut, wer den Boden unter den Füßen verliert.

Irgendwann dreht sich aber auch für die Unfähigen und die Scharlatane der Zyklus. In schlechten Zeiten weisen beide ebenfalls eine sehr ähnliche Wertentwicklung aus. Für den Anleger ist es egal, ob er sein Geld in einem Schneeballsystem verliert oder bei einem Hedgefonds, der seine Risiken nicht im Griff hat. Die Verluste übertreffen dann in der Regel alle Reichtümer, von denen man in der glücklichen Phase geglaubt hatte, man hätte sie verdient. Und so sieht man bei Ebbe, wer nackt schwimmt.

Wie leicht und wie schwer sich vieles durchschauen lässt, zeigt die Geschichte von Gregor MacGregor, der ab dem Jahr 1820 in London als Fürst von Poyais auftrat, um Gelder für die Entwicklung des jungen Staates einzuwerben. Die Engländer waren in dieser Zeit fasziniert von Lateinamerika, wo in den ersten beiden Jahrzehnten des 19. Jahrhunderts ein Land nach dem anderen die Spanier verjagte und sich selbständig machte. Sie freuten sich, dass ihrer Konkurrenz nun in Südamerika widerfuhr, was ihnen selbst 1776 in Nordamerika passiert war. Zu dem politischen Enthusiasmus kamen noch die Gerüchte über die sagenhaften Bodenschätze und insbesondere das Gold, von dem die Spanier so lange so gut gelebt hatten. Indem die Engländer in Anleihen der neuen lateinamerikanischen Länder investierten, taten sie also nicht nur etwas für den Freiheitskampf gegen die Spanier, sondern sie glaubten auch noch ein gutes Geschäft zu machen.

Gregor MacGregor nutzte diese Gemütslage auch für Poyais aus. Er ließ ein Buch schreiben, in dem das Land genau beschrieben und mit einem Stahlstich illustriert wurde, und konnte dank seiner Verbindungen aus seiner Zeit als britischer Offizier auch in den guten Kreisen der Gesellschaft große Sympathie für Poyais wecken. Der Hof erkannte ihn als ausländischen Würdenträger an und erhob ihn zur Förderung der Beziehungen in den britischen Adelsstand.

Damals wie heute war es auch angesehenen Brokerhäusern völlig egal, was für Papiere sie verkauften, solange ein Gewinn dabei heraussprang. So konnte Sir Gregor, wie er sich nun nennen durfte, im Oktober 1822 eine Staatsanleihe »zur Stabilisierung des Landes Poyais« im Umfang von £ 200.000 platzieren. Sie wurde neben den Papieren anderer neuer Staaten, wie des seit 1810 unabhängigen Kolumbien, gehandelt.

MacGregor ging aber noch einen Schritt weiter. Er eröffnete überall in Großbritannien Verkaufsbüros, die Land in Poyais an Siedler verkauften. Viele Angelsachsen ließen sich überzeugen, dass die Bevölkerung von Poyais eine besondere Aversion gegen Spanier habe und daher über eine englische Kolonisierung glücklich sei. Das leuchtete ebenso ein wie die Feststellung, dass die Urbevölkerung auch bei geringem Lohn ausgesprochen arbeitswillig sei und nur auf Europäer warte, die ihnen sagten, was zu tun sei. So dauerte es nicht lange, bis genügend Siedler für Poyais gefunden waren, die ihre Ersparnisse für den Landkauf und die Überfahrt ausgaben. MacGregor tauschte sogar das Handgeld der Auswanderer zu einem besonders günstigen Kurs in frisch gedruckte poyaisische Währung und verkaufte Ämter an die Wohlhabenderen und Ambitionierteren.

Im Jahr 1822 erreichten die ersten beiden Auswandererschiffe die bezeichnete Gegend. An der Stelle, wo die in allen Einzelheiten geschilderte Hauptstadt hätte liegen müssen, am »Schwarzen Fluss«, fanden die Siedler – nichts. Die Gegend war als »Moskitoküste« bekannt und wurde wegen des schlechten Klimas von den Einheimischen gemieden. Die Kolonisten richteten ihren Unmut auf den sofort davongesegelten Kapitän ihres Schiffes, der sie offensichtlich an einem falschen Ort abgesetzt hatte. Zweifel an Sir Gregor kamen kaum auf. Die wenigen Ureinwohner konnten die Siedler nicht versorgen, von denen viele bald krank wurden und starben. Im Herbst 1823 kehrten die Überlebenden zurück, aber es gab keinen Skandal. Die Auswanderer glaubten nach wie vor an ihren Fürsten. Gregor MacGregor zog zwar zur Sicherheit nach Paris um, dort hatte er aber Gelegenheit, 1825 und 1826 noch einmal Anleihen zu platzieren und Auswanderer von ihren Ersparnissen zu trennen und an die Moskitoküste zu schicken.

Die Anleihen von Poyais wurden natürlich nie zurückgezahlt. Damit lag die Wertentwicklung dieser Anlage nicht weit vom Durchschnitt der anderen Lateinamerika-Anleihen dieser Jahre. Die Zahlungsmoral von realen Staaten ist oft nicht besser als die von gedachten.

Als Sir Gregor das Geld aus dem Landverkauf und den Anleihen im Jahr 1839 zur Neige ging, siedelte er nach Kolumbien um, wo ihm eine Pension als ehemaliger Kriegsteilnehmer zustand. Davon lebte er glücklich und unbehelligt bis an das Ende seiner Tage.

Vertrauen ohne Skepsis ist blind; Skepsis ohne Vertrauen ist lähmend. Vertrauen ist eine notwendige Bedingung für das normale Funktionieren von Beziehungen. In der Wirtschaft kommt keine Transaktion zu Stande ohne das Vertrauen in die Vertragstreue des Partners und in die Durchsetzbarkeit einer gültigen Abmachung. Zu viel Skepsis hemmt den Gang der Geschäfte, denn bevor man alle Eventualitäten durchdacht hat, ist die Gelegenheit vorbei. Wären wir nur skeptisch, würden wir nichts Neues beginnen. Vertrauen ist dazu da, die Komplexität des Lebens zu reduzieren, indem es dem Menschen eine permanente Neuorientierung erspart.

Die Grenzen des Vertrauens sind schwer zu ziehen. Sie werden jedenfalls nicht von der Skepsis gezogen, denn oft geht unser Vertrauen ganz bewusst über das hinaus, was uns klug oder angemessen erscheint. Sebastian Brant hat das in seinem 1494 in Basel veröffentlichten *Narrenschiff* hübsch auf den Punkt gebracht: Die Welt will betrogen sein. Dieser Wille des Menschen, getäuscht zu werden, wird an der Börse natürlich pünktlich bedient.

Aber es hieße, die Finanzmärkte über Gebühr hervorzuheben, wenn man behaupten würde, sie seien der einzige Ort, wo Menschen bewusst die Wahrheit ausblenden, um das wohlige Gefühl des Vertrauens genießen zu können. Denn allgemein gilt, wie schon früher erwähnt, dass im Land der Blinden der Einäugige der Idiot ist. Wer die Wahrheit sieht und davon redet, hat in der Regel nicht viel mehr Zuhörerschaft als ein Hofnarr. Man lacht über ihn. Das ist kein Phänomen unserer Zeit, denn schon Platon schildert in seinem Höhlengleichnis, wie schnell der Verkünder der Realität unter die Räder kommen kann. Bevor die Menschen sich mit der Realität beschäftigen, verlachen oder verprügeln sie lieber den, der die richtige Einsicht hat.

William Shakespeare spielt mit dem Thema in seinem wunderbaren Sonett Nr. 138, wo es um einen Liebhaber geht, der es vorzieht, den Lügen seiner Geliebten zu glauben, um nicht die Illusion von Liebe und Leidenschaft zu zerstören. Die Täuschung ist wechselseitig und gewollt:

When my love swears that she is made of truth,
I do believe her though I know she lies,
That she might think me some untutored youth,
Unlearned in the world's false subtleties.
Thus vainly thinking that she thinks me young,
Although she knows my days are past the best,
Simply I credit her false-speaking tongue:
On both sides thus is simple truth suppressed:

But wherefore says she not she is unjust?
And wherefore say not I that I am old?
O! love's best habit is in seeming trust,
And age in love, loves not to have years told:
Therefore I lie with her, and she with me,
*And in our faults by lies we flattered be.**

Die hier beschriebene Beziehung zwischen einem alten Mann und einer jungen Frau funktioniert nur, weil die Täuschung wechselseitig ist und als solche auch von beiden Seiten akzeptiert wird. Er tut so, als wäre er noch jung, und sie tut so, als würde sie ihn lieben. Beiden ist klar, dass der andere lügt. Mit dieser Lebenslüge lässt es sich gut leben, obwohl beide wissen, dass auch der andere sie kennt. Die Realität jenseits der Lebenslüge ist selten angenehm. Die Wahrheit, um die sich die Skepsis bemüht, ist zu unschön, als dass viele sich darauf einlassen würden.

Naives Vertrauen ist etwas Herrliches, es packt uns in Watte und lässt uns gut schlafen. An den Finanzmärkten hat man es aber oft mit

* In der Übertragung von Markus Marti lautet das Gedicht:

Wenn meine Liebste mir die Treue schwört,
dann glaub ich ihr. Zwar lügt sie wie gewohnt,
doch soll sie denken, ich sei jung, betört,
und von der falschen Welt bis jetzt verschont.
Ich bild mir ein, sie halte mich für fit
und jung, obwohl sie weiß, das ist vorbei.
Ich gebe ihrer Zunge blind Kredit,
Und beide lügen wir uns an dabei.
Doch weshalb sagt sie nicht, sie gehe fremd?
Und weshalb sag ich nicht, ich sei ein Greis?
Gewahrter Schein ist Amors schönstes Hemd,
Wie alt man ist, gibt man nicht gerne preis.
So liegen wir einander lügend bei
Und schmeicheln lügend uns von Fehlern frei.

dem Gegenteil von Liebhabern zu tun, mit Scharlatanen. Sie sind darauf spezialisiert, das köstliche Streben nach der Schönheit jenseits der Vernunft für ihre Zwecke zu nutzen.

Die Ehrgeizigen, denen die Skepsis abgeht, blenden die Realität aus und glauben an alles, was sich in ihre Ordnung der Dinge fügt. Sie fühlen sich in der Illusion wohl, obwohl sie wissen, dass die Realität eine andere ist. Die Wahrheit ist selten ein Ort, der zum Verweilen einlädt. Sie ist meist kalt und hart und grau. Der Scharlatan bietet einen Ausweg aus der Realität und wird dafür geliebt.

Bemerkenswert ist dabei, dass insbesondere die sogenannten besseren Kreise anfällig zu sein scheinen für diese Art von Streichen. Der größte Scharlatan aller Zeiten, der in Palermo als Gassenjunge aufgewachsene Giuseppe Balsamo, hat seine Herkunft entsprechend schnell abgelegt. Arme Leute zu betrügen lohnt sich ja nicht wirklich. Seine geistige Beweglichkeit fällt dem örtlichen Klerus früh auf und er wird in eine Klosterschule aufgenommen. Dort lernt er viel über Chemie und Medizin, das Klosterleben ist aber nicht auf seinen Charakter zugeschnitten, und bald geht er seine eigenen Wege. Diese führen ihn im Jahr 1766 nach Malta, wo er sich als Graf von Cagliostro vorstellt. Der Großmeister des Malteserordens ist von dem Mann begeistert und lässt sich von ihm in die Geheimnisse der Goldmacherei einweihen. Die Behauptung, Gold und Geld aus dem Nichts schaffen zu können, wird bis heute leidenschaftlich gern geglaubt und öffnet damals wie heute Tore und Geldbörsen. Cagliostro verabschiedet sich von seinem zufriedenen Kunden mit einem Empfehlungsschreiben des Malteserordens, das ihm in Europa den Zugang zur Gesellschaft ermöglicht. Im Jahr 1768 trifft er in Rom auf die erst 14-jährige Lorenza Feliciani, mit der er sich zusammentut. Die beiden bereisen gemeinsam als gräfliches Ehepaar Europa, wobei sie sich auf den Handel mit Liebestränken, Jugendelixieren und Schönheitsmixturen spezialisiert, während er weiterhin der Herstellung von Gold und dem Fälschen von Dokumenten verbunden bleibt. Die beiden führen ein schönes Leben, bis passiert, was passieren musste, womit aber dennoch keiner rechnen konnte: Cagliostro wird im Jahr 1785 in die Halsbandaffäre verwickelt, den einzigen nennenswerten Betrug jener Epoche, an dem er nicht beteiligt war. In dieser Affäre gelingt es der Hochstaplerin Gräfin de La Motte (ebenfalls ein selbstverliehener Titel), den Kardinal Rohan dazu zu bringen, ihr ein unfasslich teures Collier anzuvertrauen (1,6 Millionen Livres), indem sie behauptet, die Königin Marie Antoinette von Frankreich verlange nach eben diesem Halsband, und er solle es ihr beschaffen. Der zuvor am Hof in Ungnade gefallene Kardinal hofft durch diesen Dienst seine Stellung zu verbessern und besorgt das Geschmeide, mit dem der Mann der Gräfin sofort nach England verschwindet, um dort die Steine einzeln zu verkaufen. Es gibt einen riesigen Skandal, als der Königin die Rechnung zugestellt wird. Cagliostro ist inzwischen als Scharlatan bekannt, und so traut man ihm eine Beteiligung zu. Durch den Prozess wird er berühmt, womit seine Geschäftsgrundlage eigentlich zerstört ist. Er entkommt nach London, dem anscheinend einzigen Ort in Europa, wo man die Affäre nicht mitbekommen hatte. Dort gelingt es ihm trotz widriger Umstände, Mitglied der elegantesten Freimaurerloge zu werden. Als er 1789 in Rom eine eigene Loge nach ähnlichem Muster gründet, wird er auf Befehl des Papstes festgenommen, von der Inquisition auf der Engelsburg eingekerkert und später wegen Häresie zum Tode verurteilt. Diese Strafe wird in lebenslange Haft umgewandelt, und Cagliostro stirbt 1795 im Gefängnis von San Marino an Syphilis.

Odysseus hört den Ruf der Sirenen, weiß aber um seine eigene Schwäche und überlebt. Sein Ehrgeiz bleibt immer unter der Kontrolle seiner Skepsis und wird nicht zur Ehrsucht. Vor allen Dingen hat er aber den Mut, sich den Realitäten zu stellen, auch wenn er dabei immer wieder ins Jammern kommt. Er gibt sich, auch angesichts toller Gelegenheiten, keinen wohligen Illusionen hin. Anderen gegenüber ist ihm die Lüge als Mittel recht, aber gegen sich selbst wendet er dieses Mittel nicht. Das ist die Quelle seiner Stärke und Schwäche zugleich.

Bei Odysseus kollidiert sein Realismus immer wieder mit der Tugend, das haben die antiken Kritiker von Pindar bis Platon wiederholt bemängelt. Für jede der vier Kardinaltugenden, Besonnenheit, Gerechtigkeit, Frömmigkeit und Tapferkeit, kennen Ilias und Odyssee andere Helden, die mehr davon haben. Seine einzige echte Tugend scheint das richtige Maß von Ehrgeiz und Skepsis zu sein – solange man seine sonstigen sehr nützlichen Eigenschaften wie Charme, Witz und Überlebenskunst nicht in den Rang einer Tugend erheben möchte.

6. DIESSEITS DER MORAL

Banking was conceived in inequity and born in sin.
JOSIAH STAMP (1880–1941)

Für die Wiesel steht an den Finanzmärkten der persönliche finanzielle Nutzen im Vordergrund. Junge Menschen werden zu Wieseln, weil sie von den schicken Hotels, den Erste-Klasse-Flügen, den gestretchten Limousinen, den saftigen Gehältern angezogen werden. Mit dem leichten Geld lässt sich gut prahlen, und so spielen teure Männerhobbys schnell eine große Rolle. Zu den einfältigeren Herren gesellen sich gerne die sogenannten »Trophy-wives«, was mehr als nur ein Nebenaspekt ist, denn es erhöht eher den Druck, noch mehr Geld zu verdienen. Solche »High-maintenance-wives« sind wahrlich kein Grund, sich zurückzulehnen und sorgenfrei zu leben. Es ist ausgesprochen profitabel, in der Finanzindustrie zu arbeiten, selbst wenn man weder Erfahrung noch Ausbildung mitbringt. Aber das Umfeld bringt einen Lebensstil mit sich, der nach viel Geld verlangt, weil nur ein nach außen sichtbarer Erfolg noch mehr Geschäft anzieht und den sozialen Status bringt, nach dem die meisten sich seit ihrer Kindheit gesehnt haben.

Es ist eine Welt von Ego und Lust, in der weder Bildung noch Charakter gut bezahlt werden. Das ist aber meist nur für diejenigen eine schlimme Überraschung, die weder Bildung noch Charakter noch Geld haben. Wenn sie gut reguliert sind und frei, dann sind die Finanzmärkte für die Gesellschaft nützlich, unabhängig vom Wertegerüst der Wiesel. Indem sie meistens das Geld dort anlegen, wo es am wirtschaftlichsten ist, mehren sie nicht nur den eigenen, sondern auch den allgemeinen Wohlstand. Es ist kein Zufall, dass durch die Jahrhunderte die fortschrittlichsten Gesellschaften nicht nur die besten Künstler und die größte

Rechtssicherheit hatten, sondern auch die am weitesten ausdifferenzierten Finanzmärkte. Für das einzelne Wiesel hingegen stellt sich die Komplexität der Märkte allgemein nicht als intellektuelle Herausforderung dar, sondern als Möglichkeit, für sich selbst ein großes Kuchenstück zu sichern, ohne dass es die anderen merken. Der allgemeine Nutzen oder gar die Moral werden eher als Bedrohung wahrgenommen, wo es im Wesentlichen darum geht, aus viel Geld noch mehr Geld zu machen.

Diese gewisse Gedankenlosigkeit bei der Konzentration auf den Nutzen wird durch die Anonymität des Handwerks sehr erleichtert. Die Wiesel schauen in Computer, nicht in Gesichter. Das Kapital einer privat gehaltenen Firma gehört (soweit es nicht von der Bank kommt) einem Patron, der launisch und dick sein mag, aber mit dem man immerhin reden kann. Wem das Kapital der Aktiengesellschaft gehört, lässt sich nicht leicht sagen, denn ein Teil wechselt täglich den Besitzer. Und wem nur ein jederzeit handelbarer Bruchteil einer Firma gehört, identifiziert sich niemals so sehr mit ihr wie ein Mensch, dessen Lebenswerk sie bedeutet. Für das Wiesel ist der Umgang mit Aktien oder Anleihen anonyme Arithmetik, für den Patron gehört die Firma zu den wesentlichen Lebensinhalten.

Wenn ein Wiesel also sieht, dass eine Firma schlecht geführt wird, dass sich ihr Markt zu ihrem Nachteil verändert hat, dass ihre Produkte oder Produktionsweisen veraltet sind, dann ist der erste Gedanke nicht, *wie kann ich helfen?*, sondern *wie kann ich die Aktie leer verkaufen?* Indem man eine Aktie leer verkauft, verdient man an fallenden Kursen. Beispielsweise borgt man sie sich, wenn sie bei 100 steht, verkauft sie, sieht ihr beim Fallen zu, kauft sie bei 40 wieder zurück und gibt sie demjenigen wieder, bei dem man sie sich geborgt hat. Einer Einnahme von 100 steht dann eine Ausgabe von 40 gegenüber und man hat an der Aktie 60 verdient. Wenn genügend andere dieselben Probleme sehen oder auch nur mitkriegen, dass ein erheblicher Verkaufsdruck besteht, und selbst auf den fahrenden Zug aufspringen, will die Aktie sehr schnell niemand mehr haben und sie fällt wie ein Stein. *Never catch a falling knife*, denken sich dann alle, und warum sollte man auch Aktionär einer schlecht geführten Firma werden? Der niedrige Aktienkurs bedeutet für die Firma, dass sie gerade in der Zeit, in der sie es am dringendsten bräuchte, Schwierigkeiten hat, an frisches Kapital zu kommen. Dadurch werden die Schwierigkeiten eher noch vergrößert und die unausweichliche Konsequenz sind fast immer Entlassungen und in manchen Fällen sogar der Konkurs der Firma.

Der einzelne Händler, der die Aktie leer verkauft, hat nur die Freude an den fallenden Kursen und nicht den Ärger mit den Konsequenzen. Er profitiert, wo andere leiden, und muss das Leiden nicht einmal mit ansehen. Er muss niemanden entlassen und wird von niemandem entlassen. Alles, was er sieht, ist der Gewinn auf seinem Bildschirm.

Nun ist das Wiesel gewiss nicht schuld am Niedergang der Firma. Ein schlechtes Management trägt wahrscheinlich die Hauptschuld, gefolgt von unkooperativen Gewerkschaften und einer Politik, die die falschen Rahmenbedingungen gesetzt hat. Alle drei einigen sich aber gerne schnell darauf, dass das arme Wiesel die eigentliche Ursache der Misere ist. Dabei hat es nur eine Gelegenheit identifiziert und genutzt und das getan, wofür es bezahlt wird, trägt aber keine Schuld am wirtschaftlichen Niedergang der Firma. Indem es die Aktie verkauft hat, war es der Überbringer der schlechten Nachricht, dass in der Aktiengesellschaft etwas im Argen liegt. Auf den Boten richtet sich der Zorn der Schuldigen. Das war schon immer so.

Für das Wiesel reduziert sich die Verkaufsentscheidung auf ein anonymes Zahlenspiel ohne moralische Dimension. Seine Handlungen sind auf der Ebene des einzelnen Kaufs oder Verkaufs weder moralisch noch unmoralisch, sondern einfach nur ein Adiaphoron (so nannten die Stoiker Handlungen, die ethisch weder gut noch böse waren). Moral ist in einem System nicht zu greifen, in dem sich nicht einmal Verdienst und

Schuld genau zuordnen lassen. Eine Position in einem Wertpapierportfolio mag aufgegangen sein, allein weil der Markt gestiegen oder gefallen ist und mit ihr das Wertpapier, ohne dass die Idee selber funktioniert hätte. Eine Position mag implodieren, allein weil zu viele andere Wiesel zur selben Zeit durch dieselbe Tür wollten. In einem System, in dem sich die beweglichen Teile nicht einmal zählen lassen, ist ein konkreter Ursache-Wirkungs-Mechanismus, wie er für jedes moralische Urteil Voraussetzung ist, praktisch nicht festzumachen.

Hinzu kommt, dass es im Routinebetrieb an Opfern fehlt, die Mitleid verdienen. Unter die Räder kommen an den Finanzmärkten unmittelbar nur andere Wiesel. Wenn schlechte Händler oder überdehnte Oligarchen oder schlecht geführte Provinzbanken unter die Räder kommen, muss eigentlich niemand traurig sein. Niemand hat sie zu ihren schlechten Geschäften gezwungen, und sie tragen selbst die Schuld an der Notlage, welche die anderen Wiesel weidlich ausnutzen. Das Spiel hat Regeln und kennt nicht nur Sieger, sondern auch Verlierer. Die Regeln sind nicht alle irgendwo aufgeschrieben, aber jeder, der sich professionell an den Finanzmärkten bewegt, kann und soll sie kennen.

Wirklich unappetitlich wird es erst am unteren Ende der Nahrungskette, beim Plankton, bei den sogenannten Privatkunden. Oft genug werden dort ohne Scham und ohne moralische Bedenken gutgläubige Menschen um ihre Ersparnisse gebracht. Es werden Aktien verkauft, die intern mit dem Kürzel »POS« gekennzeichnet werden, was für *piece of shit* steht. Es werden Anleihen verkauft, welche die Bank nicht mehr in den eigenen Büchern haben will, weil sie dem Emittenten nicht mehr traut. Es werden Fonds oder »Strukturen« (gerne auch »Zertifikate« genannt, was nach Sicherheit klingt) verkauft, die mit gewaltigen Gebühren und sehr wenig geistigem Aufwand belastet sind.

Privatkunden sind angesichts der Komplexität der Finanzmärkte nur sehr selten in der Lage, die Pferdefüße an den Empfehlungen ihrer

Betreuer zu durchschauen. Natürlich kann man den meisten ihre Vertrauensseligkeit und vielen auch ihre Gier zum Vorwurf machen. Aber der uneinholbare Informationsvorsprung, den Banken und Vermögensverwalter haben, bedeutet, dass das Spiel immer wieder unfair sein wird. Gewinner und Verlierer stehen dann von vornherein fest.

Augustinus gibt als Merkmale eines gerechten Krieges an, dieser müsste durch eine rechtmäßige Obrigkeit erklärt werden, es müsse ein gerechter Kriegsgrund vorliegen (*ius ad bellum*) und es müsse ein gerechtes Verhalten im Kriege geben (*ius in bello*). Diese Kategorisierung lässt sich auf das Privatkundengeschäft übertragen. Das Problem dort ist also nicht, dass viel Geld verdient wird, denn dies ist das *ius ad bellum*. Mehr Geld verdienen zu wollen, sollte man niemandem verübeln, der einmal Geld verdienen musste. Ungut ist vielmehr, dass im Privatkundengeschäft das *ius in bello* völlig zu fehlen scheint. Ein Krieg ist nach Augustinus ungerecht, wenn dort Gesinnungen wie »Lust zu schaden, grausame Rachgier, Unversöhnlichkeit, Vergeltungswut, Eroberungssucht« (*Contra Faustum Manichaeum*, XXII, 74) sich Bahn brechen. Im Umgang mit Privatkunden lässt das Wiesel allzu oft jegliche Zurückhaltung fahren, und es kennt keine Regeln gerechter Kriegsführung mehr. Vielleicht führt es zur Sittenlosigkeit, dass der Verlierer in der Beziehung Bank–Privatkunde von vornherein feststeht oder dass der Leidensdruck bei Privatkunden extrem groß sein muss, bevor sie die Treue zu ihrem Berater brechen. Was auch immer es ist, es ist kein schöner Anblick.

Bei den Wieseln ist das nicht anders als bei Odysseus. Das Werk Homers ist am plausibelsten, wenn die Helden und Götter nachlässig mit der Moral umgehen – wie sie es meistens tun. Odysseus interessiert sich für vieles, aber nicht für Moral. Er beruft sich zwar gelegentlich auf die Sitte und das Recht der Götter, aber immer nur, wenn es ihm für den Moment nützlich erscheint. Auch die Wiesel an den Finanzmärkten interessieren sich nur dann für das Gute und Schöne, wenn die Gelegenheit günstig ist und vielleicht sogar einen Gewinn verspricht. Sie sorgen sich um die Dinge, wie sie sind, und nicht, wie sie sein sollen.

Der Betrachter wird ein Gefühl der Unruhe nicht los bei dem Gedanken, dass es im Zentrum der modernen Wirtschaft nicht ehrlich zugeht. Dieser Verdacht ist natürlich vollkommen berechtigt, denn wo kommt nicht vor der Moral das Fressen? Es gibt an den Finanzmärkten die stete Versuchung, den Pfad der Tugend zu verlassen, mit nichts im Blick als den eigenen Nutzen. Wo die Zusammenhänge komplex sind und der Übergang zwischen Unredlichkeit und Inkompetenz fließend, ist das Entdeckungsrisiko gering und die Abwege liegen nah.

Am schönsten ist es natürlich, wenn man einem Mitmenschen *Nichts* als *Etwas* verkaufen kann. Dabei wird auf Verkäuferseite viel gelacht und viel getrunken. Besonders laut war das Gelächter um die Jahrtausendwende, als Firmen ohne Geschäftsmodell, ohne Einnahmen und ohne Kunden an der Börse zu astronomischen Preisen verkauft werden konnten. Bei solchen Firmen wurde dann zur Bewertung das Marktpotential (*wenn nur 5% der Amerikaner auf unserer Webseite für $100 einkaufen, haben wir einen Umsatz von 1,1 Milliarden und verdienen eine Börsenbewertung, die dreimal so hoch ist…*) oder die Anzahl der Klicks in der Vorwoche herangezogen, um sagenhafte Reichtümer für Investmentbanker und eben der Pubertät entronnene Firmengründer zu erschaffen.

Dieses Phänomen, dass plötzlich etwas einen Wert zugeschrieben bekommt, der sich rational nicht nachvollziehen lässt, taucht immer wieder auf. Die Holländer haben im 17. Jahrhundert, als sie wirklich auch auf andere Weise Geld verdienen konnten, plötzlich beschlossen, dass Tulpenzwiebeln so wertvoll seien, dass man ein Amsterdamer Bürgerhaus in bester Lage gegen eine Handvoll Zwiebeln eintauschen könne. Oder: Gold wirft keine Zinsen ab und entzieht sich jeder Bewertungssystematik, findet aber einmal pro Generation begeisterte Käufer, die ganz reale Wirtschaftsgüter dafür herzugeben bereit sind. Oder: Die komplexen Strukturen von verbrieften Krediten, deren Implosion auf den wahren Wert (nahe Null) das Finanzsystem im Jahr 2008 erschütterte, konnten sich ein Jahr zuvor vielfach noch mit einem AAA-Rating schmücken, das aller Welt die beste Kreditqualität signalisierte. Diese Liste ist sehr unvollständig und wird sich auch in Zukunft noch fortsetzen lassen.

Es ist nicht illegal, *Nichts* als *Etwas* zu verkaufen, solange damit keine Versprechen verknüpft sind. Das unterscheidet den Handel mit Tulpenzwiebeln vom sogenannten Ponzi-Schema, das unter Strafe steht. Erfinderin des modernen Ponzi-Schemas war Adele Spitzeder (1832–1895), die zwischen 1869 und 1872 in München eine Bank betrieb, welche die Einlagen ihrer Kunden nicht anlegte, sondern Auszahlungswünsche samt der versprochenen Zinsen ausschließlich aus den Einzahlungen der Neukunden bediente. Der Zinssatz betrug 10 Prozent im Monat, wobei die ersten beiden Monatsraten bereits vorab gezahlt wurden. Adele Spitzeder bestach Journalisten und tat sich als Wohltäterin hervor, wodurch sie einen tadellosen Ruf erwarb. Bald verkaufte ein erheblicher Teil der Bauern im nördlichen Münchener Umland seine Höfe, um bei der Spitzeder'schen Bank das Geld profitabel anzulegen.

Solange es ging, wusste Spitzeder gut zu leben von den Spareinlagen. Irgendwann ging es nicht mehr. Acht Millionen Gulden von 31.000 Einzahlern waren weg. Spitzeder wurde vor Gericht gestellt und zu drei Jahren Zuchthaus verurteilt. Eine Reihe ihrer Kunden beging Selbstmord. Die Episode zeigt jedenfalls, dass in dieser von Männern dominierten Welt auch Frauen das Potential haben, innovativ zu sein.

Die zweite Abweichung vom Pfad der Tugend an den Finanzmärkten ist intellektuell anspruchsvoller und wird daher nicht von Brokern oder Verkäufern beschritten, sondern von Fondsmanagern, Händlern und Bilanzbuchhaltern. Der Trick besteht darin, die heutigen Ergebnisse auf Kosten der zukünftigen aufzublasen.

Banken haben hier ein besonders leichtes Spiel, denn sie können ihre Bilanzen ohne Probleme größer ausweisen, als sie es in der Realität sind. Anleihen und Kredite, bei denen die Ausfallwahrscheinlichkeit angestiegen ist und die sich am Markt nicht mehr zum Nennwert verkaufen lassen, können in der Bankbilanz weiter so geführt werden, als hätte der Wert der Forderung sich nicht gemindert. Sie werden im »Bankbuch« zum Nennwert geführt bis zum Tag der Wahrheit, dem Rückzahlungstermin. Andererseits können Banken eine Anleihe, deren Wert gestiegen ist (durch ein allgemein niedrigeres Zinsumfeld oder die Verbesserung der Kreditqualität), in ihr »Handelsbuch« übertragen, wo sie zum Marktpreis bilanziert wird. Indem sie die Guten ins Töpfchen, die Schlechten ins Kröpfchen tun können, haben sie immer die Möglichkeit, ihre Bilanzen größer und schöner erscheinen zu lassen, als sie es eigentlich sind. Große Bilanzen und hohe Bilanzgewinne führen in der Regel zu höheren Auszahlungsbeträgen und, voilà, zu höheren Boni für die einzelnen Manager. Die Grundlage mag eine Illusion sein, aber die Zahlung selbst ist sehr real und wird am liebsten bar entgegengenommen, nicht in Form von Aktien.

Fondsmanager und Händler haben noch andere Möglichkeiten, sich künstlich zu vergrößern. Sie können Strategien verfolgen, die kurz- und mittelfristig erfolgreich sind, langfristig aber in den Ruin führen müssen. Wie bereits geschildert, befinden Fondsmanager und Händler sich oft in der schrecklichen Situation, keine Ahnung zu haben, wie es weitergeht mit dem Markt im Allgemeinen oder einer bestimmten Aktie im Besonderen. In solchen Fällen liegt es nahe, Strategien zu entwickeln, die keinen großen intellektuellen Aufwand verursachen, aber dennoch meistens gut aussehen und Gewinn abwerfen. Das Problem an diesen Strategien ist, dass sie ihre Gewinne von der Zukunft borgen, dass ihre Schönheit nicht real ist, sondern durch die Anhäufung von Lasten und Verlusten an anderer Stelle entsteht. Nach außen hin sind sie schön und glatt und kaum von ehrlicher Arbeit zu unterscheiden. Unter der Oberfläche sind sie aber bestenfalls hohl und schlimmstenfalls betrügerisch.

Diese Systeme funktionieren wie »Das Bildnis des Dorian Gray«, das Oscar Wilde in seinem gleichnamigen Roman geschildert hat. Darin entdeckt Dorian Gray, ein Dandy der übleren Sorte, dass all das Schreckliche und Verwerfliche, das er in seinem Leben tut, sich nicht in der eigenen Physiognomie niederschlägt, sondern in einem Porträt von ihm. Dorian Gray bleibt immer eine zwanzigjährige Schönheit, und sein Alter, seinen Zynismus und seine Grausamkeit sieht man ihm ebenso wenig an wie den Drogenkonsum, dem er sich in der Londoner Halbwelt hingibt. In das Bild hingegen gräbt sich die Realität immer stärker ein. Es wird zur Fratze. Das Auseinanderdriften von Realität und schönem Schein lässt sich irgendwann nicht mehr aushalten und mündet in einen reinigenden Selbstmord. Die Vergangenheit holt den Dandy ein.

Eine Klasse von Systemen, die ähnlich funktionieren wie das Bildnis des Dorian Gray, hat Nassim Taleb in seinen Büchern beschrieben. Sie beruhen darauf, dass Extremereignisse oft unterschätzt werden. Mit unwahrscheinlichen, aber extrem folgenreichen Ereignissen geht der Mensch sehr viel entspannter um, als er es sich eigentlich leisten kann. Im Bereich des sehr Unwahrscheinlichen kann der Mensch nicht mehr scharf unterscheiden. So haben vor dem Kollaps des amerikanischen Immobilienmarktes im Jahr 2007 die Versicherungen dagegen kaum mehr gekostet, als eine Versicherung gegen eine Entführung durch Außerirdische gekostet hätte.

Die Taleb-Systeme funktionieren in der Praxis ganz einfach. Ein Fonds sammelt bei institutionellen Investoren € 100 Millionen ein mit Hilfe einer Bank, die an diesem Fonds dann als Broker verdient. Der Fonds ist ein Hedgefonds und der Manager verdient im Jahr zwei Prozent des Fondsvolumens sowie zehn Prozent der Wertentwicklung. Der Fondsmanager schließt nun ein Optionsgeschäft ab, das nichts anderes ist als der Verkauf einer Versicherung. Beispielsweise versichert er die

Gegenseite dagegen, dass der Euro nicht stärker als 25 Prozent gegenüber dem Dollar fällt. Angenommen, die Wahrscheinlichkeit für diesen Fall wird im Markt korrekt abgebildet und liegt bei zehn Prozent. Dann bekommt der Fonds eine Versicherungsprämie von zehn Prozent, die er behalten kann, wenn der Euro nicht so weit fällt. Er hat also im konkreten Fall eine Einnahme von zehn Millionen Euro im ersten Jahr. Nach dem Abschluss des Optionsgeschäfts macht der Fondsmanager ein Jahr lang Urlaub. Wenn nichts Aufregendes passiert ist, kann er nach einem Jahr seinen Investoren einen Gewinn von zehn Prozent verkünden, von dem er selbst am Ende drei Millionen behält (zwei Millionen fix und eine Million als Bonus aus der Wertsteigerung). Die Investoren sind mit dem Gewinn von sieben Prozent, der ihnen bleibt, zufrieden und belassen das Geld bei dem Fonds. Der Fondsmanager schließt nun dasselbe Geschäft noch einmal ab und geht wieder auf ein Jahr in Urlaub. Das geht, statistisch gesehen, etwa sieben Jahre lang gut. Wenn es dann irgendwann schiefgeht, erleiden die Investoren, die bislang immer gut verdient haben, einen Totalverlust. Den Manager trifft das aber nur noch am Rande, er hat in dieser Zeit genug Geld verdient, um für sich einen privaten Fonds aufzumachen, in dem er sein Geld klüger anlegt.

Nach diesem Schema funktionieren viele Fonds. Das hier verdiente Geld ist etwa so real wie das Aussehen des Dorian Gray. Oft meinen es die Fondsmanager dabei nicht einmal böse, sondern glauben ihrem eigenen Schein und halten sich einfach nur für genial. Sie meinen tatsächlich zehn Prozent im Jahr mit schöner Regelmäßigkeit zu verdienen. Sie verstehen nicht, dass ihr Handeln vollkommen geistlos ist und auf einem schönen Schein beruht, den die Realität irgendwann wieder einholt.

Ebenso geistlos sind die Systeme, die auf die Anziehungskraft Mittelwert setzen. Sie basieren auf dem oft beobachteten Phänomen, dass die Märkte die Tendenz haben, zu ihren mittel- und langfristigen Trends zurückzukehren. Daraus lässt sich einfach Kapital schlagen, indem man, wenn ein Wertpapier sich zu weit vom Trend entfernt hat, darauf wettet, dass es dorthin zurückkehrt. Tatsächlich gibt es enorm stabile Trends, wie etwa die Entwicklung der Dividendenzahlungen in einem Index. Wenn also etwa die Aktie eines Energieversorgers, der mit stabilen Gewinnen gesegnet ist, stark fällt, kann man die Aktie guten Gewissens kaufen, denn sie wird sich schon wieder erholen. Wenn sie dann noch weiter fällt, erhöht man die Wette entsprechend und kauft noch mehr Aktien. Wenn die Aktie vorher schon billig war, ist sie nun noch billiger und der Kauf lohnt umso mehr. Diese Strategie hat den Vorteil, dass die Aktie sich nun nur bis zu dem Punkt erholen muss, wo man sie ursprünglich gekauft hatte. Meist ist nämlich inzwischen klar geworden, warum das Papier gefallen ist, und man ist froh, wenn man das Niveau, das man mal für besonders billig gehalten hatte, wieder sieht. *When in trouble, double*, heißt die einfache Formel, unter der dieses Schema läuft.

Meist geht das gut, aber manchmal eben auch nicht. Dann hat man das gute Geld dem schlechten hinterhergeworfen, hat in eine verlorene Sache investiert. Da man von der Sache überzeugt war und nach einem Schema investierte, das darauf basiert, Überzeugungen möglichst nicht zu hinterfragen, hat man oft mehr investiert, als man sich leisten konnte.

Auf diese Weise gelang es dem Börsenhändler Nick Leeson, der Anfang der 90er-Jahre die Geschäfte der altehrwürdigen Barings Bank (angeblich gehörte die Queen zu ihren Kunden – das behaupten in London aber praktisch alle Banken von sich, die vor 1950 gegründet und nicht an der Börse notiert sind) in Singapur leitete, seinen Arbeitgeber zu ruinieren. Zwischen 1950 und 1989 war es eigentlich immer richtig, auf steigende Aktien in Japan zu setzen. Daran konnte man sich gewöhnen. Die japanischen Banken waren die größten, die japanischen Autobauer waren die besten und die japanischen Elektronikkonzerne die innovativsten. Plötzlich war aber der Zauber verflogen, und die Aktien begannen zu fallen. Daran konnten und wollten sich viele zunächst schwer gewöhnen, und Nick Leeson wettete auf eine baldige Fortsetzung des 40-jährigen Trends. Warum sollte er nicht 50 Jahre dauern oder 60? Zwei Jahre lang setzte er immer größere Summen ein, welche die vorangegangenen Verluste ausgleichen sollten. Die Verluste hatte er auf ein geheimes Verlustkonto gebucht und nur die seltenen Gewinne nach London gemeldet, wo man sich sehr über das Talent des jungen Mannes freute. Solange Erfolge gemeldet werden, wird eine Leistung kaum jemals hinterfragt. Am Ende wäre Leeson sogar mit einer Stabilisierung der Kurse zufrieden gewesen, als die Wirtschaft sich nach einer 30 Monate dauernden Rezession zu erholen begann (seine Position war ein *short straddle* auf den Nikkei Index). Es kam aber das Erdbeben von Kobe im Januar 1995 dazwischen, und die Kurse begannen erneut zu fallen. Leeson wettete nun das gesamte Kapital der Bank, in einem verzweifelten Versuch, den Markt aus eigener Kraft zu drehen. Als das Kapital aufgebraucht war, hinterließ er auf dem Schreibtisch die kurze Notiz »I'm sorry« und verschwand. Barings wurde später für ein Pfund Sterling an eine holländische Versicherung verkauft.

Die Wiesel haben einen großen Anreiz, ihre Überschüsse aufzublähen (nach London zu berichten!). Dafür die Qualität einer Bilanz zu verschlechtern oder Gewinne aus der Zukunft zu borgen, ist ein Preis, den jeder zu zahlen bereit ist. Sie mehren ihren persönlichen Nutzen, solange die Schäden erst spät genug sichtbar werden. Die Geldgeber, die dabei letztlich das Risiko tragen, lassen sich von den Zwischengewinnen nur zu gerne blenden und akzeptieren die Intransparenz der Geschäfte in der Hoffnung, ein anderer Investor, dessen Geld ebenfalls im Risiko steht, habe das Modell verstanden.

Die moralische Verurteilung dieser Praktiken ist aber nicht so einfach, denn wer sollte den ersten Stein werfen? Es gibt viele Menschen, die Produkte verkaufen, die Mist sind. Die Finanzindustrie hat da kein Alleinstellungsmerkmal. Wer die verheerende Wirkung kennt, welche die Einführung von Software in Betrieben haben kann, hat keine Illusionen mehr über diese Branche. Wer sieht, wie ungeniert Anwälte auch für wertlose und falsche Ratschläge Rechnungen stellen, könnte an Justitias Tugend zweifeln. Wer einmal einem Kunstexperten eines Auktionshauses dabei zugesehen hat, wie schnell aus einem zweifelhaften Werk ein echtes gemacht wird, bietet in Zukunft allenfalls die Hälfte des Schätzpreises. Wer die Weise kennt, wie die Pharma-Branche ihre Medikamente verkauft, bleibt lieber gesund. Dürften nur noch Produkte verkauft werden, von denen der Verkäufer überzeugt ist, dass es das beste ist, wären bald alle Märkte geschlossen und es gäbe keine Innovation mehr. Niemand würde das Risiko einer Unternehmensgründung eingehen, wenn er nicht mindestens Aussicht auf einen Trostpreis hätte. Der Preis dafür ist der Freiraum für die Scharlatane.

An den Finanzmärkten geht es darum, billig zu kaufen und teuer zu verkaufen. Wie viel dabei übrig bleibt, ist der bei weitem wichtigste Maßstab, an dem Menschen wie Unternehmen gemessen werden. Die Stars der Branche können so viel verdienen wie Unterhalter oder Spitzensportler und machen sich über die Gerechtigkeit ihrer Entlohnung so wenig Gedanken wie diese. Angemessen ist der Lohn, den jemand zu zahlen bereit ist. Das ist eine rein wirtschaftliche Frage, keine Frage der Gerechtigkeit (die zur Politik gehört) oder der Moral (die zur Metaphysik gehört). Die Reaktion der Menschen, in deren Reichweite das Füllhorn kommt, ist dabei in allen Branchen gleich. Wie glücklich waren die Manager der deutschen Autoindustrie, als zu Anfang der 90er-Jahre der damalige Aufsichtsratsvorsitzende von Daimler-Benz, der gleichzeitig Vorstandschef der Deutschen Bank war, dort Boni einführte, wie man sie bis dahin nur aus den USA kannte! Genommen hat das Geld jeder, auch wenn es den Aktionären von Daimler in den folgenden 20 Jahren ziemlich schlecht ergangen ist.

Es ist nicht schwer, sich aus dem Hinweis auf den Nutzen einen moralischen Kokon zu spinnen, über den hinauszudenken nicht vorgesehen ist. Börse ist organisierter Eigennutz und niemand gibt dort viel auf Dankbarkeit, Treue, große Gedanken oder nationale Aufgaben. Mönche, die Abt werden wollen, Minister, die Ministerpräsident werden wollen, Obristen, die General werden wollen, stehen oft (und manchmal fälschlich) im Verdacht, die Rede vom Gemeingut nur als Vorwand für die eigene Karriere zu nutzen. Das Streben nach persönlichem Vorteil ist an den Börsen so offensichtlich, dass es glücklicherweise keiner Erklärung und keiner Entschuldigung bedarf. Jeder Versuch, vom Eigennutz abzulenken, wäre sinnlos. Bei jedem Handel geht es darum, einen Gewinn zu machen und sonst um nichts. Der Alltag an den Märkten ist frei von allen Anmaßungen der Moral und in dieser Hinsicht ein enorm entspannender Ort.

Die Finanzmärkte sind nicht von Natur aus schlecht. Sie mögen schlecht konstruiert sein, ihren Zweck mangelhaft erfüllen und allerlei Schurken Unterschlupf bieten, die andernfalls Pferdehändler oder Verkäufer von Jugendelixieren geworden wären. Aber prinzipiell sind die Märkte nicht einmal ein besonders stark korrumpierendes System. Jedenfalls nicht mehr als das Gesundheitswesen oder die Universitäten oder die Autobranche. Seinen persönlichen Nutzen durch den Handel mit Wertpapieren oder Rohstoffen zu verfolgen ist weder unmoralisch noch moralisch. Wenn die Wiesel ein moralisches Defizit haben, so liegt das nicht daran, dass der Markt ihnen seinen Stempel aufgedrückt hat, sondern dass sie es mitgebracht haben. Wiesel mögen gelegentlich zu Opfern werden, sie treten aber immer als Täter an. Das ist die Ehre des Raubtiers. Die Wiesel haben Kinderstube oder auch nicht, längst bevor sie ihren Beruf ergreifen.

In jedem System, in dem es um viel Geld geht, ist es für die Profiteure besonders leicht, Augen, Ohren und Nase vor den Fragen der Moral zu verschließen, die Finanzmärkte sind da keine Ausnahme. Natürlich kann man seinen Mitmenschen auch betrügen, wenn es um wenig oder fast nichts geht, aber die Versuchung ist süßer, wenn es sich richtig lohnt. Niemand, der nicht selbst einmal in der Situation war, sollte von sich behaupten, er würde auf ein Geschäft verzichten, das ihm persönlich legal Millionen einbringt, für die Allgemeinheit aber vielleicht sehr teuer wird, wenn allzu viele andere Wiesel dasselbe Geschäft machen. Darüber macht man sich dann lieber keine Gedanken.

Die Finanzmärkte sehen sich dennoch oft und aus gutem Grund mit der Frage nach der Moral konfrontiert. Dabei verstehen die Wiesel meist nicht, worum es geht, obwohl es eigentlich nicht schwer ist. Denn die Finanzbranche ist in gewisser Hinsicht doch etwas anders als andere Branchen. Während die falsche Software einzelne Betriebe ruinieren und die falsche medizinische Behandlung einzelne Leben riskieren kann, haben die Finanzmärkte das Potential, ungleich viel größeren Schaden anzurichten. Sie können ganze Länder ruinieren und sind darin Regierungen nicht unähnlich. Der Zusammenbruch von 1929 hat einer ganzen Generation die Perspektive genommen und war erst nach 1945 ausgestanden. Die langfristigen Folgen der großen Rezession von 2008/09 sind heute (2011) noch nicht absehbar, aber sie hat die westliche Welt mindestens ihr Überlegenheitsgefühl gegenüber dem Rest der Welt gekostet.

Für den Einzelnen kann das Erzeugen einer Blase ein Eldorado sein. Wenn eine einzelne Bankbilanz aufgebläht ist, wenn einzelne wertlose Papiere als werthaltig verkauft werden, wenn einzelne Fonds nach dem Dorian-Gray-Schema vorgehen, so tut das nichts, denn die Beteiligten werden irgendwann aufwachen, spätestens wenn das Geld weg ist. Aber allzu oft kommen viele Menschen zur selben Zeit auf dieselbe Idee. In den Bilanzen stecken dann dieselben wertlosen Papiere oder eine Unmenge von Kleinsparern hat zur selben Zeit auf dasselbe Pferd gesetzt. Dann wird aus vielen kleinen schlechten Ideen eine Blase, deren Platzen für die ganze Gesellschaft zum Problem werden kann.

Aufgrund ihres fulminanten destruktiven Potentials sind insbesondere die großen Banken (aber auch der Markt insgesamt, wenn nur genügend große Spieler dieselben fatalen Positionen eingegangen sind) in der Lage, den Staat zu erpressen. Darin unterscheiden sie sich von anderen Branchen, in denen das unmoralische Verhalten des Einzelnen immer nur einen begrenzten Wirkungskreis hat. Im Verbund mit anderen Banken können sie Geschäfte machen, die, wenn sie gut gehen, vorübergehend extrem profitabel sind, deren Verluste aber, wenn sie schiefgehen, vom Steuerzahler übernommen werden müssen, sei es in Form einer staatlichen Garantie oder, für den Markt, in Form eines impliziten Rettungsversprechens für die Irregeleiteten. Unter dem Namen »Greenspan Put« ist das Versprechen der Zentralbanken bekannt, den Märkten im Falle nachhaltig hoher Verluste durch niedrige Zinsen wieder aufzuhelfen. Der Staat hat ein überragendes Interesse am Funktionieren der Märkte und wird Vermögensschäden, die dazu führen könnten, dass die Versorgung der Wirtschaft mit Geld zum Erliegen kommt, um jeden Preis vermeiden. Diese Möglichkeit, die Gewinne zu privatisieren und die Verluste zu sozialisieren, nennt man *moral hazard*, weil es dabei letztlich um Verantwortung – einen moralischen Begriff – geht. Wer nicht bereit oder in der Lage ist, die Verantwortung für die Konsequenzen seines Handelns zu übernehmen, handelt unmoralisch.

Allem unmoralischen Potential zum Trotz stünde die Welt ohne Börsen nicht besser da. So sind Gesellschaftssysteme, die ohne sie auszukommen meinten, nicht durch größere Moralität aufgefallen. Auch Bürokraten, die in solchen Systemen die Verteilung der Güter übernehmen, können Halunken erster Güte sein. So unappetitlich man es finden mag, wenn Spekulanten am Weizenpreis verdienen, während sich für die Bevölkerung das Brot verteuert, ist das Signal, welches der höhere Preis aussendet, doch sehr effizient. Das Angebot wird sich, sofern das Wetter mitspielt, bei der nächsten Ernte deutlich ausweiten und die Preise werden wieder sinken. Jedenfalls haben die Experimente in der Sowjetunion (die *Entkulakisierung* von 1929 bis 1932) und China (Der *Große Sprung nach vorn* von 1958 bis 1961) nicht eben Mut gemacht, auf freie Preisbildung, auch und gerade bei landwirtschaftlichen Produkten, zu verzichten.

Für die Gesellschaft mag der Nutzen der Märkte nicht so groß sein wie für den Einzelnen, aber er ist dennoch beträchtlich: Wo es funktionierende Finanzmärkte gibt, ist meist (es müssen noch einige andere kulturelle Faktoren hinzukommen) der allgemeine Wohlstand höher, die Künste sind weiter entwickelt und die Gesellschaftsordnung ist dank der permanenten vereinzelten Vermögensverluste bei den Anlegern bei weitem nicht so zementiert wie in Ländern, in denen es neben dem Staat und der Religion keine unabhängige Macht gibt.

Damit wird sich trösten müssen, wer Geld und Moral verheiraten möchte. Es wäre ein so sinnloser Versuch, den Märkten Moral beizubringen, so wie es sinnlos ist, den Kater vom Mausen abzubringen. Der geldwerte Nutzen wiegt nun mal schwerer als jedes metaphysische Argument.

Mit der Moral an den Finanzmärkten verhält es sich wie mit einzelnen Strümpfen: Man findet sie erst, wenn man aufgehört hat, zu suchen. Die Märkte sind, entgegen der Mehrheitsmeinung, kein vollkommen gottloser Ort. Es mag dort keine Moral geben, dafür blüht dort deren zwar weniger schöne, aber umso nützlichere Cousine, die Sitte. Sitte ist ein altertümliches Wort für den Teil der Moral, der ohne metaphysischen Ballast auskommt. Sitte ist das, was man gewöhnlich für richtig hält, ohne dabei an die ganz großen Fragen von Gut und Böse zu denken.

Märkte sind sehr stark auf Konventionen und das Vertrauen in diese Konventionen angewiesen. Wer seine Reputation verliert, ist schnell aus dem Geschäft. Wer einmal den Ruf hat, seine Geschäftspartner über das allgemein akzeptierte Maß hinaus zu betrügen, bekommt das irgendwann zu spüren. So verstößt es gegen die guten Sitten, gleichrangige Wiesel für dumm zu verkaufen. Es ist völlig in Ordnung, hart miteinander zu verhandeln und für sich einen möglichst guten Abschluss zu suchen. Schließlich handeln hier Erwachsene, die sich freiwillig aufeinander eingelassen haben. Es gibt aber eine gewisse Grenze, wo der Spaß aufhört. Wenn etwa eine Bank ein so schlechtes Wertpapier zu verkaufen versucht, dass sie damit unterstellt, dass auf der anderen Seite nur Idioten sitzen, kann sich das schnell herumsprechen. Es kann passieren, dass eine Bank mit einer solchen Reputation bald nur noch Geschäfte macht mit Adressen, die es sehr nötig haben. Beispielsweise reagierte Goldman Sachs sehr unentspannt, als die amerikanische Börsenaufsicht eine Untersuchung des bereits erwähnten Vorgangs einleitete, bei dem Goldman an die damals größte amerikanische Versicherung AIG und an die deutsche Mittelstandsbank IKB Papiere verkauft hatte, von deren Absturz die Konstrukteure dieser Struktur überzeugt waren. Der Vorwurf lautete, dass Goldman die Papiere extra auf eine Implosion hin konstruiert habe und, um damit Geld zu verdienen, einen nützlichen Idioten benötigte, der die andere Seite des Geschäfts einging. So wetteten die Kunden auf steigende Kurse und Goldman und ein großer Hedgefonds auf fallende Kurse. Da Goldman wusste, was hinter den Papieren steckte, wundert es nicht, dass die werte Kundschaft sich eine blutige Nase, ein blaues Auge und ein gebrochenes Bein holte, während Goldman herrlich verdiente. Diese Geschichte hat Goldman natürlich ganz anders gesehen, denn wer macht noch Geschäft mit einem Haus, in dem die Sitten verlottert sind? Die Sache wurde dann schnell durch Zahlung eines mittleren dreistelligen Millionenbetrages aus der Welt geschafft.

Die Gefahr der Sittenlosigkeit besteht darin, dass sie das Fundament des Systems aushöhlt. Überschaubare Geldzahlungen seitens der Ertappten schaffen kein Vertrauen in die Durchsetzbarkeit von Regeln, die eigentlich für alle gelten müssten, damit das Spiel weitergehen kann. Wenn für die einen Mitspieler gilt, dass die möglichen Gewinne hoch und die Verluste jedenfalls klein sind, während für die anderen Mitspieler, *hoi polloi*, das Umgekehrte gilt, so werden dem Spiel irgendwann die

Mitspieler ausgehen. Keiner der Verantwortlichen für die Katastrophe des Jahres 2008 ist ins Gefängnis gegangen oder musste privaten Bankrott erklären. Keine pittoresken Fensterstürze aus Wolkenkratzern. Es haben sich nicht einmal die Gehälter merklich verringert. Die meisten haben gewaltige Abfindungen bekommen von den Banken, die sie weitgehend insolvent hinterlassen haben. Nach dem Krach von 1929 war das völlig anders. Damals wurden die Möglichkeiten der Banken erheblich beschnitten, indem sie entweder auf das riskante Investment Banking oder auf das Massengeschäft mit den Endkunden verzichten mussten. Der Glaube an die Deregulierung der Märkte hat nach 2008 bislang keinen echten Dämpfer bekommen, die politische Klasse vertraut den Wieseln wie bisher; es sind ja keine schlechten Kerle, sie haben dazugelernt und ihr Eigeninteresse wird schon dafür sorgen, dass sie nie wieder unkalkulierbare Risiken eingehen. Aber Sauereien solchen Ausmaßes, wenn sie weder geahndet werden noch zu echten Reformen führen, schaffen böses Blut. Kinder lieben Spiele, bei denen sie immer gewinnen, und versuchen gerne, die Regeln zu ändern, wenn es schlecht steht. Das finden die anderen unehrlich und doof und es führt meist dazu, dass sie keine Lust mehr haben, mitzumachen. In die Gefahr, auf diese Weise das Vertrauen und damit den Boden für ihre Geschäfte zu verspielen, bringen sich die Wiesel gegenwärtig (2011). Dafür geht ihnen aber völlig das Bewusstsein ab.

Das Gefühl für das, was sich gehört und was nicht, funktioniert in der Wieselkolonie nur für die Binnensicht. Jeder weiß, was sich innerhalb des Systems gehört, aber kaum jemand zerbricht sich den Kopf darüber, wie das Wieselverhalten auf Außenstehende wirkt. Im Gegenteil, sie fühlen sich oft unverstanden. Zu den guten Sitten zählt daher ebenfalls eine gewisse Solidarität untereinander. Das geht über das übliche »Eine Krähe hackt der anderen kein Auge aus« hinaus. Wenn man einander kennt, hilft man einander aus. Das ist der Sinn von Netzwerken. Bear Stearns, bis 2008 einer der großen alten Namen an der Wall Street, hat 1998 gegen diese Sitte verstoßen und sich geweigert, an einer groß angelegten Rettungsaktion für den Hedgefonds LTCM teilzunehmen, dessen Zusammenbruch zu diesem Zeitpunkt zu einem Crash zu führen drohte. Als es zehn Jahre später Bear Stearns selbst schlecht ging, rührte sich an der Wall Street keine rettende Hand. Die alten Rechnungen waren noch offen und Bear Stearns bezahlte den Verstoß gegen die guten Sitten mit seiner Existenz.

Das System der Finanzmärkte funktioniert nur, wenn das Vertrauen da ist, dass es im Wesentlichen fair zugeht und dass alle sich an die Regeln halten. Die Sitten mögen rau sein und viele Gesetze ungeschrieben. Aber jeder kann sie kennen, und sie gelten für alle. Wer würde beispielsweise eine Aktie kaufen, wenn er nicht glauben könnte, dass die Bilanzen richtig sind? Oder: um einem Staat Geld zu leihen, muss man von seiner Zahlungswilligkeit und damit seinen guten Sitten überzeugt sein, denn heute kann man Staaten nicht mehr in Völkergefängnisse sperren, um sie zu etwas zu zwingen. Und was für den Staat im Großen gilt, gilt für das einzelne Wiesel im Kleinen. Niemand finanziert einen Bankier oder Investor, von dem es heißt, er übervorteile seine Geldgeber. Sie sind daher auf kaum etwas so bedacht wie auf ihren guten Ruf. Wer als kleiner Gauner dasteht, ist aus dem Geschäft.

Niemand hat an den Finanzmärkten ein Interesse an Moral oder Gerechtigkeit, aber wehe, es verstößt jemand gegen die Sitten, die dort für gut gelten. Das macht die Märkte noch lange nicht zu einer moralischen Anstalt, aber es macht sie berechenbar. Es mag die Sitte einer Räuberbande sein, was nicht viel ist, aber es ist immerhin etwas. Genau genommen kommen wenige Bereiche von Wirtschaft und Gesellschaft über diese moralische Minimalanforderung hinaus, und manchmal nicht einmal der Staat selbst. Augustinus hatte keine Illusion darüber, dass wir in den seltensten Fällen Grund haben, uns über die Moral einer Räuberbande erhaben zu fühlen. Staat und Gesellschaft funktionieren nach Regeln, die äußerlich denen der Bande oft ähnlich sind. Die göttliche Gerechtigkeit ist für ihn das Kriterium der Unterscheidung zwischen Staat und Bande, aber wer sollte auf sie Anspruch erheben können?

»Was anderes sind also Staaten (*regna*), wenn ihnen Gerechtigkeit fehlt, als große Räuberbanden? Sind doch auch Räuberbanden nichts anderes als kleine Staaten. Auch da ist eine Schar von Menschen, die unter Befehl eines Anführers steht, sich durch Verabredung zu einer Gemeinschaft zusammenschließt und nach fester Übereinkunft die Beute teilt. Wenn dies üble Gebilde durch Zuzug verkommener Menschen so ins Große wächst, dass Ortschaften besetzt, Niederlassungen gegründet, Städte erobert, Völker unterworfen werden, nimmt es ohne weiteres den Namen Staat an, den ihm offenkundig nicht etwa hingeschwundene Habgier, sondern erlangte Straflosigkeit erwirbt.« (*De Civitate Dei*, IV, 4, 1.)

7. PRAKTISCHES NACHWORT

*Ich habe mich so lange um's Allgemeine bemüht, bis ich einsehen lernte, was vorzügliche Menschen im Besonderen leisten.**

Die Finanzmärkte zu beschreiben ist wie ein Chamäleon zu malen. Das Sujet mag gleich bleiben, aber das Bild sieht jedes Mal anders aus, wenn die Umwelt sich ändert. Auch durch eine noch so sorgsame Beschreibung ihres gegenwärtigen Zustandes wird man sie nicht dauerhaft begreiflich machen können. Dass es vielen Modellen, die an den Finanzmärkten gebräuchlich sind, nicht gelingt, die Welt auch nur annähernd adäquat zu umreißen, sollte mittlerweile ebenso deutlich geworden sein wie die Schutzlosigkeit, mit der die meisten Wiesel dieser modellfeindlichen Welt ausgeliefert sind. Wie aber ist das Geld besser angelegt als nach den brillantesten Modellen der brillantesten Köpfe? Wenn es keine hinreichenden Bedingungen gibt für eine gute Anlageentscheidung, warum trägt dann überhaupt jemand sein Geld an die Börse? Insoweit Anlageentscheidungen nicht nur eine Wissenschaft, sondern auch eine Kunst sind, kommt der Investor nicht ohne einen Hauch des glücklichen Schicksals, ohne Fortune aus. Aber wer will sich darauf verlassen?

Aus der Tatsache, dass die Wiesel überfordert sind, darf man nicht folgern, dass die Finanzmärkte ein unmöglicher Ort sind. Sie sind nur eben nicht einfach, denn sie verlangen eine intellektuelle Beweglichkeit, die auch außerhalb der Finanzmärkte nicht sehr weit verbreitet ist. Für einen sinnvollen Umgang mit den Finanzmärkten muss man nicht nur gut rechnen, Bilanzen lesen und modellieren können, sondern auch ein

* Goethe, *Maximen und Reflexionen*, Sophienausgabe Bd. 42 II, S. 135.

Gefühl für die Welt jenseits der Zahlen entwickeln. Zum Beispiel muss man mit Emotionen umgehen können, oft auch mit den eigenen.

Emotionen liegen jenseits der berechenbaren Welt und sind ein für harte Wissenschaftler und harte Händler unappetitliches Thema. Sie spielen aber bei Anlageentscheidungen nicht nur wegen der persönlichen Bedeutung von (Geld)Vermögen eine große Rolle, sondern auch grundsätzlich, weil sie bei jeder Entscheidung, und sei sie noch so rational, eine wesentliche Rolle spielen. Die neuere Hirnforschung behauptet etwas, das wir so ähnlich bereits bei Aristoteles finden (in der *Rhetorik* gibt es eine komplette Emotionen-Lehre) und auch sonst für plausibel halten: Entscheidungen, die ohne Emotion getroffen werden sollen, fallen entweder gar nicht, oder sie sind schlecht. Emotionen sind der Impuls von Handlungen, ohne den sie ihren Namen nicht verdienen. Wer keinen emotionalen Boden hat für sein Tun, ist ebenso beschränkt wie jemand, der keine Weltsicht hat. Ein hübsches Beispiel bietet hierfür das Schachspiel, das grundsätzlich vollkommen berechenbar und transparent ist und daher bei Außenstehenden nicht in dem Verruf steht, eine besonders emotionale Angelegenheit zu sein. Helmut Pfleger, ein Arzt und Schachgroßmeister, macht im Jahr 1979 einen Selbstversuch, als er vor einer Partie gegen Boris Spassky Beta-Blocker einnimmt und dadurch bewirkt, dass er im Spiel vollkommen ruhig ist und die Emotionen unter größtmöglicher Kontrolle der Vernunft sind. Das Spiel dauert nur 20 Züge, in denen Pfleger, wie er sagt, »ebenso gleichmütig spielte wie verlor.« Ohne den Stress und die Entspannung, die gute und die schlechte Laune, die Ideen und die Anschauungen, die Freude am Spiel und an der Sache leidet die Qualität unseres Handelns – auch wenn es um vollkommen berechenbare Zusammenhänge geht. Garri Kasparow, der vielleicht stärkste Spieler der Schachgeschichte, schildert den emotionalen Unterbau seiner prinzipiell rationalen Tätigkeit als wohldosierte Nervosität: »Stellte sich bei mir vor einem Wettkampf keine Nervosität ein, wusste ich, dass etwas nicht stimmte. Denn Nervosität ist auch

Energie, die wir als Munition in jede geistige Auseinandersetzung mitnehmen. Haben wir nicht genug davon, laufen wir Gefahr, dass die Konzentration nachlässt. Ein Zuviel davon führt hingegen zu einer Explosion, die entweder uns selbst oder aber den Gegner vom Platz fegt.« Da die Börse kein vernünftigerer Ort ist als das Schachbrett, muss die emotionale Komponente bei Anlageentscheidungen niemandem peinlich sein. Man sollte mit ihr rechnen.

Konkrete Anlageentscheidungen fallen unter Bedingungen, die erheblich undurchsichtiger sind als die Konstellation eines Schachbretts. Im Schachspiel sind die Optionen des Gegenüber berechenbar und die Regeln bleiben, wie sie sind. Die Welt, wie sie sich in den Finanzmärkten spiegelt, ist aber sehr viel rücksichtsloser, dort sind nicht nur die Regeln, sondern auch die Mitspieler und das Spielfeld im Fluss. Wertpapiere sind Objekte in einer unscharfen Welt, die in nichts zu pressen sind, was eine gerade Kante hat. Wären die Finanzmärkte berechenbar, so müsste niemand mehr arbeiten, weil jeder sinnlos reich werden könnte, der die Formel besitzt. Das aber ist eine billige Wieselphantasie.

Es wäre aber fatal, aus der Überforderung der Rationalität auf ihre Verzichtbarkeit zu schließen. Natürlich steigen die Erfolgsaussichten einer Investition erheblich, wenn man sich etwas dabei gedacht hat. Jede Investition sollte, so weit es irgendwie geht, mit allen Mitteln der Vernunft geprüft und gerechnet werden. Solange ein Investor sich in der Wirklichkeit befindet, sollte er seine Entscheidungen so weit es geht von rationalen Erwägungen abhängig machen. Dieses Prinzip ist sicher nicht originell, aber seine Nichtbeachtung ist die Hauptursache allen Elends an der Börse. Natürlich behauptet jeder Investor, Geld nur nach gründlicher Überlegung anzulegen. Aber das stimmt nicht. Die Begründungen sind oft nicht zu Ende gedacht oder passen nicht zum Börsenumfeld oder verlassen sich aufs Hörensagen. Am Ende rechnen an der Börse erstaunlich wenige – jedenfalls nicht mit Zahlen, die sie selbst nachvollziehen können.

Wer sich seines eigenen Verstandes lieber nicht bedienen möchte, verlässt sich auf den der anderen. Der stark formalisierten Vernunft der Modelle vieler (Hedge)Fondsmanager entsprechen auf erfrischende Weise häufig genug die allgemein verfügbaren Börsenweisheiten, von denen es eine Menge gibt und in denen sich ein über Generationen erworbenes Wissen kristallisiert hat. So ist es vernünftig, zunächst einmal darauf zu achten, kein Geld zu verlieren. *Don't lose money.* Wer wirklich etwas kann, zeigt sich in Phasen, wenn alle anderen Geld verlieren. *Bei Ebbe sieht man, wer nackt schwimmt.* Grundsätzlich sollte man jedem misstrauen, der einen unwiderstehlichen Vorschlag macht. *Never trust a pretty face.* Es hilft nichts, in Panik zu geraten, wenn alle anderen schon in Panik sind. *If you panic, panic before everybody else does.* Hat man einen Gewinn gemacht, sollte man beizeiten darüber nachdenken, ihn festzuhalten: *You never loose your shirt by taking profits.* Die Liste ist so lang, wie es Möglichkeiten gibt, Geld zu verlieren.

Der praktische Nutzen von solchen Börsenweisheiten ist aber nicht größer als derjenige der theoretischen Modelle in der Tradition von Markowitz. Beide haben ihre Berechtigung, aber leider ist es in der konkreten Situation sehr schwer zu sagen, welche Weisheit oder welches Modell nun Anwendung finden sollte. Gilt in einer Phase fallender Kurse, wenn Schlimmes passiert ist und alle ängstlich sind, *never catch a falling knife* oder *kaufen, wenn die Kanonen donnern*? Eine der beiden Weisheiten wird im Nachhinein sicherlich zitiert werden. Mit den Modellen ist es nicht besser. Sie funktionieren meist reibungslos, außer in den Übertreibungsphasen, in denen das Wiesel etwas Hilfe von außen bitter nötig hätte. Es ist wie bei einem Bergführer, dem man sich im Winter nur ungern anvertraut, wenn er nicht ganz konkrete Erfahrung mit den Besonderheiten der Gegend hat. Allgemeines Wissen über das Zusammenspiel von Wind, Schnee, Temperatur, Sonneneinstrahlung und Neigungswinkel der Hänge ist lobenswert, aber nicht ausreichend.

Der realistische Umgang mit einer konkreten Situation erschöpft sich nicht in alten Binsenweisheiten und neuartigen Modellen. Theorie und Praxis haben ein vielschichtiges Verhältnis. Odysseus ist vernünftig und berechnend, wo er nur kann, aber sein Listenreichtum geht deutlich darüber hinaus. Das hängt nicht nur mit seiner Intelligenz oder Bildung zusammen, sondern im Wesentlichen mit seiner Erfahrung, seinem Gefühl für die Situation. Er hat genügend Erfahrung im Umgang mit Göttern und Menschen, um zu ahnen, dass es wohl besser sein wird, dem Zyklopen einen falschen Namen zu nennen. Er hat den richtigen Riecher, auf der Insel der riesenhaften Laistrygonen mit dem eigenen Schiff lieber nicht in die einladende Bucht zu fahren (die für alle anderen zu einer tödlichen Falle wird). Irgendwie weiß er, dass es klüger ist, in der Heimat zunächst beim Sauhirten Unterschlupf zu suchen, ohne jede Rücksicht auf den Bequemlichkeitsaspekt. Homer nennt ihn, wie bereits erwähnt, gleich zu Anfang der Odyssee πολύτροπος, was man mit *vielgewandert, vielgewandelt* oder aber auch mit *vielerfahren* übertragen kann. Odysseus macht Erfahrungen wie kein anderer. Er lernt die Unterwelt kennen und den ganzen Erdkreis. Er wird von Göttinnen geliebt und von Poseidon gehasst. Er gewinnt Troja und verliert alle seine Gefährten. Die Herzen seiner Getreuen fliegen ihm zu, seine vielerfahrene Frau muss er aber ein zweites Mal gewinnen. Ist sein Erfahrungsreichtum seine wichtigste Eigenschaft? Jedenfalls sichert sie ihm mindestens so sehr das Überleben wie sein Listenreichtum, sein Wissen und sein Verstand.

Das Sammeln von Erfahrung ist kein trivialer Vorgang, wie jeder weiß, der schon mal eine gemacht hat. Im Umgang mit den Märkten lernt man im Lauf der Zeit bestimmte Muster zu erkennen. Da die Menschen, und mit ihnen die Märkte, sich gerne wiederholen, können Erlebnisse zu Mustern in der Erfahrung gerinnen. Bestimmte Typen von Unternehmensführern versuchen immer wieder, mit ähnlichen Konzepten den Markt zu beschwatzen. Bilanzen haben immer wieder ähnliche Schwachstellen, die in den Fußnoten diskret behandelt werden. Wie Euphorie und Depression an der Börse funktionieren, kann nur nachvollziehen, wer sie schon einmal selbst, an der eigenen Seele erlebt hat. Erst bei der dritten oder vierten Panik weiß man ungefähr, wie die Medien, die Kleininvestoren, die Fonds, die Versicherungen, die Banken und der Staat reagieren, und stellt sein eigenes Verhalten darauf ab.

Erfahrungen verdichten sich zu Mustern, die im Umgang mit der Sache entstehen und die Orientierung erleichtern. So empfiehlt Platon ein 20-jähriges Mathematikstudium, um den Kopf vorzubereiten auf das Studium der Philosophie. Diese Zeit ist nötig, um den Umgang mit logischer Argumentation, mit geistigen Inhalten zu lernen. Erst durch die lange Dauer des Spiels mit abstrakten Zusammenhängen entsteht nach seiner Ansicht die Fähigkeit zum Verständnis seiner Lehre. Mit profanen Angelegenheiten wie Entscheidungen über Investitionen verhält es sich nicht grundsätzlich anders. Erst wenn die Muster aus der Erfahrung zur Verfügung stehen, kann sinnvoll an den Finanzmärkten investiert werden.

Die richtigen Muster bilden sich, wenn zum Wissen um die Fakten und die Regeln noch ein Sinn für Wirklichkeit kommt, denn ohne einen Anker entfernt sich der Mensch schnell und gerne von der Realität. Dieser *Wirklichkeitssinn* entwickelt sich in der Auseinandersetzung mit Analysen der allgemeinen wirtschaftlichen Lage und der konkreten Bewertung von Unternehmen. Im Umgang mit den Analysen lernt man Zahlen, Fakten und Märkte einzuschätzen. Das ist der Anfang von allem. Sie sind wie das Vokabular, das zum Erlernen einer Sprache unumgänglich ist. Dabei spielt es keine Rolle, ob die Analysen richtig oder falsch sind und ob es sich bei den Fakten vielleicht nur um Vorstellungen von Fakten handelt; wichtig ist, mit ihnen umzugehen und ihren Gehalt nach und nach immer besser einzuschätzen. Im Umgang mit den Analysen fügt sich ein Gesamtbild der Lage an den Finanzmärkten. Wenn ein

Investor lange genug – sagen wir: zehn Jahre – mit der Wirklichkeit umgegangen ist, lernt er, öfters wiederkehrende Muster zu erkennen. Das ist der Wert der Erfahrung: sie liefert einen Bausatz von Problemen und deren Lösungen, wie sie in ähnlicher Form immer wieder auftauchen und mit dessen Hilfe sich wahrscheinlich auch in Zukunft nützliche Handlungsalternativen bedenken lassen. Im Umgang mit konkreten Situationen entsteht ein immer feineres Gefühl für die Mechanismen, welche an den Finanzmärkten immer wieder auftreten. So wie der Kunsthistoriker mit der Zeit immer feinere Unterscheidungen innerhalb einer Epoche treffen kann oder wie der Schachspieler eine Stellung und deren Lösung wiedererkennt, mit der er so ähnlich schon einmal konfrontiert war.

Wenn sich die Muster über die Jahre verdichtet haben, entsteht ein intuitives Wissen. Intuition ist an den Finanzmärkten so wichtig wie der Wirklichkeitssinn. Sie ist die aus den Erfahrungsmustern gewonnene Fähigkeit, schnell das Wesentliche einer Situation zu erfassen und sich darauf zu konzentrieren. Intuition ist keine beliebige Idee oder Ahnung, sondern geronnene Rationalität, die in jahrelanger Auseinandersetzung mit einem Thema entsteht. Ein Mathematiker weiß intuitiv, welche Beweismethode bei einem Problem vielversprechend ist und welche nicht. Darin unterscheidet er sich nicht vom Jäger, der intuitiv weiß, wie der Hase läuft. Intuition ist eine durch Erfahrung und Verstand geübte Weise, das Wesentliche einer Situation spontan zu erfassen.

Kein Faktenwissen und keine Theorie kann die Intuition ersetzen. So hatten die Bankvorstände des Jahres 2008 letztlich keinen Schimmer, was sich in ihren Firmen abspielte, bis es zu spät war. Ihnen waren zwar alle Zahlen bekannt und die Modelle, nach denen sie geordnet wurden. Aber sie hatten keine Erfahrung mit den neu geschaffenen Instrumenten, die es noch nicht gab, als sie selbst, meist als Händler, ihre Karriere machten. Sie sind nie umgegangen mit CDOs und CDSs, von denen sie nur die theoretische Beschreibung kannten. Sie wussten nur in sehr eingeschränktem Maße, was ihnen da um die Ohren flog, bis sie gezwungenermaßen selbst ein Gefühl dafür entwickelten, was in den Handelsräumen entstanden war, seit sie selbst mit höheren Aufgaben beschäftigt waren.

Eine rein rationale und analysierende Betrachtungsweise ist immer auf die Fälle beschränkt, die wenig komplex sind und dem Betrachter die Zeit lassen, sie vollständig zu durchdenken. Situationen, in denen Fakten schnell geschaffen werden (was an den Finanzmärkten sehr häufig vorkommt), erlauben nicht den Luxus einer umfassenden und durchgängigen Analyse der verfügbaren Informationen. Wenn die Zeit knapp ist, können Entscheidungen nur intuitiv fallen oder überhaupt nicht. Wenn eine Währung unkontrolliert abwertet (wie 1998, als Thailand die Asienkrise auslöste) oder eine große Bank kollabiert, bleibt keine Zeit, die Modelle an die neue Situation anzupassen. Das Zeitfenster für eine vollständig durchdachte Reaktion ist zu eng. Echte Gelegenheiten bieten sich nie lange. Die Kunst ist es, den rechten Augenblick zu erkennen und zu nutzen. So ist der Markt für Unternehmensanleihen nach der Lehman-Pleite in einer Geschwindigkeit und Tiefe eingefroren, die es auch konservativen Investoren unmöglich machte, sich von ihren Beständen zu trennen. Und dieselben Anleihen, die Ende 2008 noch unverkäuflich waren, stellten sich als eine der größten Kaufgelegenheiten seit den 30er-Jahren heraus, als die Märkte im Frühjahr 2009 wieder auftauten. Wer in dieser Situation auf vollständige Informationen und eine rationale Erschließung des Geschehens gewartet hat, konnte weder die kurze Zeitspanne zum Verkauf noch die etwas längere zum Kauf nutzen.

Mit den langen Zeiträumen verhält es sich ähnlich. Die ganz große Perspektive ist zu komplex, um sich ernsthaft berechnen zu lassen. Wer sich über die Welt in 15 oder 25 Jahren Gedanken macht, muss sich dabei auf seine Intuition verlassen. Welche Märkte entstehen, wo gibt es technologische Durchbrüche, welche Länder werden nach oben oder nach unten gespült, wie ändert sich das soziale Gleichgewicht? In das Nachdenken über lange Zeiträume fließen so viele Unwägbarkeiten ein, dass es praktisch unmöglich ist, sie diskursiv zu durchdringen.

Alle Intuition braucht am Ende aber doch Fortune. Ohne günstiges Schicksal, ohne ein Quentchen Glück macht die Börse, wie das Leben im Allgemeinen, keinen Spaß. Die Angelsachsen kennen für das Zusammenspiel von leidvoll erarbeiteten Eigenschaften wie Erfahrung, Weisheit und Intuition mit schierem unverdientem Glück den Begriff *Serendipity*. Geprägt wurde dieser Begriff von dem Schriftsteller Horace Walpole, der 1754 in einem Brief an seinen entfernten Vetter Horace Mann von einer Erzählung berichtet, *The Three Princes of Serdendip*, worin die Reise dreier persischer Hoheiten erzählt wird, die andauernd auf nützliche Dinge stoßen, nach denen sie nicht gesucht haben. *Serendipity* bezeichnet eine Offenheit für das Unvorhergesehene, die mit der Weisheit gekoppelt ist, die praktische Seite des Neuen zu erkennen. In ihr trifft sich eine wohlfundierte Intuition mit dem *Animal Spirit*, die Gelegenheit zu nutzen. Es ist die Fähigkeit, aus Zufall glückliche Entdeckungen zu machen und diese auch festzuhalten. Amerika, LSD und der Nylonstrumpf sind auf diese Weise entdeckt worden. Alles interessante Dinge, ohne welche die Welt ärmer, wenn nicht weniger glücklich wäre.

Euphorien und Depressionen an den Finanzmärkten sind Trends, die sich ins Extrem verschärft haben. Trends entstehen in der Regel durch einen Herdeneffekt. Keynes hatte beobachtet, dass das größte Karriererisiko eines Wiesels darin besteht, alleine falsch zu liegen. Niemand macht einen Vorwurf, wenn derselbe Fehler von allen anderen auch gemacht wird. Keiner der Chefs der großen Finanzkonzerne und der Zentralbanken hat die große Krise des Jahres 2008 kommen sehen, obwohl der US-Immobilienmarkt nach allen konventionellen Bewertungsmaßstäben extrem überbewertet war und viele unabhängige Investoren immer wieder auf die Blase hingewiesen hatten. Hätten sie nicht den Konsens vertreten, wären sie nie auf ihre Posten gekommen, denn jeder macht mal Fehler, aber wer seinen Fehler allein begeht, bleibt ewig ein Mauswiesel.

Wenn es das oberste Gebot ist, niemals allein zu irren, so folgt daraus, dass fast nie jemand alleine richtig liegen wird. Solange die anderen in einem überbewerteten Markt ihre Papiere behalten, werden fast alle Fondsmanager lieber kaufen als verkaufen und dadurch den Trend ins Absurde steigern. Umgekehrt wird niemand als Erster kaufen wollen, so billig die Märkte auch sind. *Never catch a falling knife.* Rational begründet wird dieses Verhalten natürlich nicht mit dem Karriererisiko, sondern durch eine Extrapolation des gegenwärtigen unhaltbaren Zustandes auf jeden absehbaren Zeitraum. So lag die Verzinsung 30-jähriger US-Staatsanleihen im Jahr 1982 bei 16 %, weil die Inflationsrate für kurze Zeit ein Niveau von 13 % erreicht hatte. Der Markt ging davon aus, dass dieses Extrem weitere 30 Jahre andauern würde. Knapp 30 Jahre später geht der Markt davon aus, dass die extrem niedrige Inflationsrate des Jahres 2010 ebenfalls 30 Jahre lang die Norm sein wird, und verzinst die gleichen Anleihen nur noch mit 5 %.

Und wirklich ist es ziemlich sinnlos, sich gegen die Wieselherde zu stellen, wenn sie einmal ausgebrochen ist. Es ist, als würde man einer Naturgewalt die Moral entgegenstellen. Das ist nicht einmal intellektuell befriedigend. Caelius, ein Schüler und Freund Ciceros, hat dies in einem Brief an seinen Lehrer aus der Zeit des Untergangs der Republik und der Bürgerkriege in Bezug auf politische Auseinandersetzungen auf den Punkt gebracht: »Wahrscheinlich bist Du Dir darüber klar, dass man bei inneren Streitigkeiten, solange mit zivilen Mitteln, nicht mit den Waffen gekämpft wird, auf der anständigeren Seite stehen muss, sobald es aber zu Krieg und Waffenlärm kommt, auf der stärkeren, und für das Beste halten muss, was das Sicherste ist.« Es mag richtig sein, dass der Markt ein bestimmtes Wertpapier zu billig hergibt, aber es wäre dennoch falsch, sich die Gelegenheit entgehen zu lassen, es morgen noch billiger zu kaufen. So wird ein alberner Trend durch das rationale Handeln eines jeden Einzelnen verstärkt.

Diese Phasen grundlos fallender oder steigender Märkte sind häufig, und wer einigermaßen mitdenkt, kann sie auch erkennen. Das Problem ist nur, den Wendepunkt zu erwischen. Fehlbewertungen können sich jahrelang halten und es kann extrem teuer werden, gegen sie zu wetten. Die für Außenseiter (insbesondere Unternehmens- und Staatschefs) nicht zu ergründende Psychologie der Märkte kann stark entnervend sein, denn derselbe Geldgeber, der gestern noch reichlich Kapital zur Verfügung gestellt hat, kann sich plötzlich entscheiden, die Taschen zuzuhalten. Jeder Wendepunkt ist anders, jede Übertreibung oder Panik entsteht und endet aus einem anderen Grund. Wer damit umgehen möchte, muss sich einschwingen in die Seele der Wieselherde, in ihre Stimmung, muss ihre Empfindlichkeiten verstehen und ihre wechselnden Vorlieben einzuordnen lernen.

Mit nichts lässt sich so gut Geld verdienen wie mit den Launen der Märkte, wenn man genug Erfahrung mitbringt, um ihr Nicht-ganz-bei-sich-Sein auszunützen. Umso erstaunlicher ist es, dass dieser Umstand aus den meisten praktisch relevanten Theorien ausgeklammert wird. Die von der Vernunft geleiteten Investoren (mit Ausnahme der *Behavioral Finance*) schätzen die Psychologie gering. Das geht den modernen Portfoliotheoretikern nicht anders als Graham und Dodd. Über ein Lippenbekenntnis kommt fast niemand hinaus, obwohl es allen klar sein sollte, dass Gewinne und Verluste am größten sind, wenn die Märkte ungeschminkt einer Mode, einer Leidenschaft, einer Wahnvorstellung hinterherlaufen. Sie haben dann eine Wucht, die Bewertungen viel länger und viel stärker aus dem Lot bringt, als ein einfacher Buchhalter es sich je vorstellen kann. Die Blasen und Depressionen an der Börse zu verstehen und zu deuten ist daher potentiell sehr viel einträglicher als die ehrliche Unternehmensanalyse, mit der sich am Ende nur Kleingeld verdienen lässt. Es ist die Königsdisziplin an den Märkten, manische oder depressive Phasen zu erkennen und daraus Kapital zu schlagen. Nie trennt sich der Mensch leichter von seinem Geld wie in Phasen allgemeiner Eselei, wenn er sieht, dass seine Artgenossen sich nicht anders verhalten. Sich nicht wie ein Esel zu benehmen ist der eigentliche Wert der Erfahrung.

Das Zusammenspiel von allgemeiner Bildung, spezifischer Erfahrung, Sinn für Psychologie, mathematisch geschulter Intelligenz und *Animal Spirit* macht den Unterschied zwischen Odysseus und den Wieseln aus. Es reicht nicht, nur Psychologie oder nur Mathematik zu können oder nur Erfahrung zu haben. Es muss alles miteinander sein. Das macht die Finanzmärkte schwierig und lässt viele Wiesel aussehen wie Pfeifen, auch wenn sie sich nicht so fühlen. Das Beruhigende, vielleicht auch Versöhnliche an den Finanzmärkten ist, dass die Tugenden, die nötig sind, um dort dauerhaft erfolgreich zu sein, nicht vererbbar und in keine Organisation einpflanzbar sind. Erfolg ist dort so vergänglich wie die Menschen, die ihn haben. Daher haben liquide Vermögen die Tendenz, sich rasch zu verflüchtigen. Große Vermögen halten sich über viele Generationen nur, wenn sie an Land oder als Alleineigentum an ungewöhnlich langweilige Firmen gekoppelt sind. Die Börse ist nicht nur eine großartige Spielwiese, sondern auch eine wahrhaft demokratische Institution, indem sie für ständige Umverteilung sorgt. Es wird immer wieder krachende Pleiten geben, echte und unechte Opfer ihrer selbst, Narren, die zum Narren gehalten werden, allgemeine Begeisterung und allgemeines Händeringen. Erfahrung muss immer wieder auf unangenehme Weise erworben werden.

Damit werden die Finanzmärkte immer eine Welt ohne Zwischentöne bleiben, in der es immer laut sein wird, oft ohne Sinn und Maß. Das hat etwas Befreiendes, was sowohl Odysseus als auch die Wiesel sehr schätzen. Mit leisen Nuancen können weder der eine noch die anderen etwas anfangen, und sie verwenden sie nur, wenn sie in großer Not sind.

Sie sind verzweifelt bestürzt angesichts fallender Gefährten oder fallender Kurse, sie sind für ausgiebige Gelage und Macht- und Kraftdemonstrationen jederzeit zu haben, wenn das Schicksal es gut mit ihnen gemeint hat. Nie sind Odysseus und die Wiesel sich so nah wie in ihrer Liebe zur Lautstärke.

BIBLIOGRAPHIE

In die Entstehung dieses Buches sind viele Bücher und Aufsätze eingeflossen, von denen hier nur diejenigen genannt werden, die sich auch für Laien zum Weiterlesen eignen.

Zur Geschichte der Finanzmärkte sind die Bücher von Niall Ferguson leicht lesbar, insbesondere *The Ascent of Money*. Eine etwas angestaubte, aber in vieler Hinsicht bis heute unübertroffene Studie über das Verhältnis von Wirtschaft und Gesellschaft (am Beispiel kollektiven Handelns) hat Mancur Olson geschrieben, *The Rise and Decline of Nations*. Es gibt viele unterhaltsame Bücher zu den verschiedenen im Buch erwähnten Episoden, hier sei nur *The Land that Never Was: Sir Gregor MacGregor and the most audacious fraud in history* von David Sinclair genannt. Tiefsinniger ist der Klassiker von Milton Friedman und Anna Schwartz, *A Monetary History of the United States* 1867–1960. Unterhaltsam und einigermaßen tiefsinnig ist *Lords of Finance* von Liaquat Ahamed, worin die Zwischenkriegszeit wunderbar dargestellt wird. Zur Weltwirtschaftskrise ist darüber hinaus nach wie vor *The Great Crash 1929* von John Kenneth Galbraith sehr lesenswert. Die bislang besten Bücher zur großen Krise der Jahre 2008/09 sind von Gillian Tett, *Fool's Gold*, und von Raghuram Rajan, *Fault Lines*.

Zu Keynes und der Wirtschaftstheorie des 20. Jahrhunderts liest man am besten Keynes selbst, denn er schreibt eine wunderbare Prosa. Seine Abrechnung mit dem Versailler Vertrag ist in einer deutschen Übersetzung mit einer ausgezeichneten Einleitung von Dorothea Hauser unter dem Namen *Krieg und Frieden* erschienen. Die *General Theory of Employment, Interest and Money* verzichtet weitestgehend auf Formeln und hat lange Passagen, die auch Laien zugänglich sind. Umfangreich und sehr gelehrt sind die äußerst lesenswerten Keynes-Biographien von

Robert Skidelsky. Eine ausführliche Kritik der Neoklassik findet sich bei Eric Beinhocker, *The Origin of Wealth*, sowie in *Animal Spirits* von George Akerlof und Robert Shiller. Hyman Minskys Kritik lässt sich in seinem wichtigsten Buch, *Stabilizing an Unstable Economy,* nachlesen. Der Sammelband *Choices, Values and Frames*, herausgegeben von Daniel Kahneman und Amos Tversky ist eher technisch, aber nach wie vor die beste Zusammenfassung der Behavioral Finance. Zum Thema Risiko ist lesenswert, aber ohne Kenntnis der Systemtheorie kaum verständlich, die *Soziologie des Risikos*, worin Niklas Luhmann auch kurz auf die Finanzmärkte eingeht.

Für die praktischen Kapitel sind die großen Bücher von Benjamin Graham sehr wichtig, insbesondere *The Intelligent Investor* und *Security Analysis.* Letzteres zusammen mit David Dodd geschrieben, ist für den Laien aber eigentlich unverdaulich. *Liar's Poker* von Michael Lewis ist sein mit Abstand bestes Buch, an das die späteren nicht mehr heranreichen. Ähnlich geht es Nassim Taleb, dessen *Fooled by Randomness* besser ist als *The Black Swan.* Für die Praxis ebenfalls sehr lesenswert ist *Der Königsplan* von Stefan Kindermann und Robert von Weizsäcker. Einen Ausblick, wie eine theoretisch gut begründete Praxis des Investierens ohne die Hoffnung auf effiziente Märkte aussehen könnte, gibt Antti Ilmanen in *Expected Returns.* Dieses Buch ist allerdings nicht für Laien geschrieben.

Es gibt wenige Bücher an der Grenze zwischen Philosophie und Ökonomie, die brauchbar sind. Der Marxismus hat hier verbrannte Erde hinterlassen, auf der bis heute wenig wächst. Keynes ist die brillante Ausnahme, außerdem die im Jahr 1900 erschienene *Philosophie des Geldes* von Georg Simmel. Allen Versuchen von George Soros zum Trotz, etwa in *The Alchemy of Finance,* bleibt der Nutzen der Philosophie für die Finanzwelt auf abstraktem Niveau.

Für die griechische Geschichte sei schließlich neben dem *Peloponnesischen Krieg* von Thukydides noch auf zwei Bücher verwiesen, die ebenfalls stark auf die wirtschaftlichen Zusammenhänge eingehen: *Athen* von Christian Meier und *The Classical World* von Robin Lane Fox. Odysseus als Wegbereiter der Moderne findet sich nicht nur bei Horkheimer und Adorno, sondern aktueller auch bei Susan Neiman in *Moral Clarity*.